アラン，カントについて書く

アラン，カントについて書く

アラン著／神谷幹夫編訳

知泉書館

訳者覚書

——「永遠のカント」はmanuscrit《手稿》から訳出。なお、これはパリのアラン学会『会報』*Bulletin*, Assoc. des Amis d'Alain, n° 41, décembre 1975, pp. 31-33に発表されている。それはカント（Emmanuel Kant, 1724-1804）生誕二〇〇年のために書かれたという。したがって一九二四年に書かれた。カントは生まれた町、ケーニヒスベルクで二月十二日歿。

——『哲学者たちについてのプロポ』の中の「カントの散歩いろいろ」は、Alain, *Propos sur des philosophes*, PUF, 1961, pp. 195-197から訳出。

——『わが思索のあと』の中の「カント」は、Alain, *Histoire de mes pensées*, Gallimard, 1936から訳出。なお、これはAlain, *Les Arts et les Dieux*, Gallimard, collecton de la Pléiade, 1958, pp. 87-98に収められている。

――『カント哲学についての手紙――セルジオ・ロルミ宛』は、Alain, *Lettres Sergio Solmi sur la philosophie de Kant*, Hartmann 1946から訳出。

このように、アランがいろいろな形で、カントについて書いたものをまとめた。（カントをさまざまな形で書くというのもおもしろい。）そこにはカント思想の深さ、すごさが、垣間見える。もちろん、これはアランという「知性」がカントから学んだ〔咀嚼《そしゃく》した――実際、知性の営為はものを咀嚼すること以外になにがあるのだろうか――〕理解〔認識〕にすぎないが、それはカント哲学をおとしめるものでは決してない。カントは何であるかを言う前に、カントとどう取り組むのがいいかを、考えるのも間違った道ではあるまい。なぜなら、カントはほんとうに偉大であるから。カントとなることはできないほど――プラトンとなるのが絶望的なわざであるように。

神谷幹夫

アラン、カントについて書く

目次

プロローグ　永遠のカント

もし君が知ることを欲するならば、君の眼鏡を拭くがいい。すなわち、君の観念を詳細に調査し、奥を見たまえ。君の観念のなかに世界以外のものがあらわれると信じてはならない。観念を揺り動かして世界をつくり出すのは、古い、共通した誤りである。幾何学者たちに見られるそのような証明力は、おそらく、粗描されたこの世界から来ている。だが、それ以上に、当然、明瞭なイマージュとして映された観念からも出てきている。そこから、いかなるイマージュもない諸観念にしたがって証明しようと躍起になった。それが「弁証論」である。すなわち「軽い空気を切って飛んでいる白鳩は、真空のなかではもっとうまく飛べると、きっと信じ得るだろう」。とんでもない。経験から切り離された思考は、突拍子もないものである。反対に、君の観念を通して見たまえ。世界の真相である外的必然があらわれるのを見るだろう。ただ天文学だけを、君の精神の健康のために学びたまえ。そのことについてかなりの知識を得るだろう。ある意味において、君の透明な観念では予見することができないというのは、これらの軌道の連結や揺れの法則の一つではないのだ。透明性もまた、不透明な対象がなければ何でもない。そしてもう一つの意味において、君が予見できないというのは、これらの法則の唯一のものではないのだ。こうして、月食や月の位相のように、外見から事実へ行くことによって、君は、すなわち君のものである奇妙な条件は、必然を確認する。そこから、何世紀にもわたって経験してきた二重の失敗を理解することができる。すなわちただ確認するだけの人たちは何も確認していない。ただ証明するだけの人たちは何も証明していない。この世に分け入りたまえ、君の観念によって深く、君の思索の始めから終わりまで。そうすれば、君は正しく考えることになる。遠くの星辰のことであれ、身近な協力者のことであれ、純粋の必然を考えたまえ、そしてそこに君の欲望を何ひとつ混ぜてはならない。そこから、君は不可能なことと可能なことを知るだろう。そこから、君は影響力をもつだろう。

この力を、君はどう行使するだろうか。もし狂気にかられて自分の意志をも、「必然」観念にしたがって判断したら、君はそれをまったく行使しないだろう。なぜなら、そんなことはうまく行かないから。世界のなかで考えられたものは「必然」観念にしたがって考えられているように、世界でなされているすべてのことは、「自由」の観念にしたがってなされている。なぜなら、「俺は何を欲しなければならないか」と君が自問するなどというのは、不条理《アブシュルド》な問いであるから。あの観念、すなわち君が〔何かを〕欲し得ることは、季節にしたがう果実のように君のなかで成長する、あるいはまた、時の満ちた星辰のように降る、という観念とともに。ここでは信じなければならないのだ。欲し得ることを信じなければならない。欲しようとすること〔意志の意志〕。なぜなら、もし君が欲しようとしないならば、君は座ってただ眺めているだけだから。なぜなら、もしすべてのことが君にとって、必然によってなされているならば、君は眠っていればいいのだから。大道芸人。「そいつらは下劣な誘惑者だ」と、『人質』のなかでクーフォンテーヌは言う。君は欲しなければならない。君がこの世で尊敬するのは、欲するすべを知っている人だけだ。すべての英雄たちも同じだ。すべて崇高なものは、何かを克服することを内容としている。普遍的意識が、ここでは、どのような曖昧さもゆるすことなく応《こた》えている。飛行士はエピクテトスに同意する。二人は、びっこの奴隷と空を飛ぶ人間は、同じように称讃されている。われわれの目的はわれわれから遠くないのだ。欲するすべを知りたまえ、自由でありたまえ。自律にしたがって行動する人間であるということ、これこそが君の信仰の第一の対象であり、結局のところ、唯一の対象である。君は欲しなければならない、それゆえに、欲することができる。そこから、このような事物の必然は、過ぎ去ったもの、終わったものの位相、あるいは現象でしかないことが、君にはさらにいっそう確実となる。もう一つの世界が垣間見える。意志によってなるところの世界が——。では、〔何かを〕欲してみたまえ。自分が外的必然にさらされているのが分かるだろう。すべての迷信が教えているように、諸事物のなかで生じた気まぐれの観念は、人を奴隷にするものである。君のような弱い精神には、このような仮借なき世界のなかで〈何かを〉欲することは、矛盾したことのように見えるだろうから、だから、第一に、君がこの矛盾を担わなければならない。そして最後のところ、まったくの意志であるところの希望によって、君がそれを克服しなければならないのだ。ここに「理性」がある。

世界は、ただ眺めている人の心をかき立てる、こうした崇高なものに対する感情によって応えている。とりわけ、尺度を超えたものの前で、押さえようもなく、救いようもなく。世界は応えている、なぜなら、この感情は生のもっとも深いところから出てきているから。そして必然そのものと同じように世界に属しているから。世界は、「美」と形容された大地を隈無く被っている、そして至るところで満場一致で讃えられているあの人間のわざによって、さらに見事に応えている。世界は応えている。なぜなら、これらのわざは、観念の娘ではなくて、生のもっとも深いところから出てきているから。人は証明によって称讃するのではない。理論によって彫刻しないように、デッサンしないように、歌わないように――。しかし、もう一方において、これらのわざは、これらの感情は、普遍的な調和をなしている。それは本当の理性のように鳴り響いている。それは要するに、「精神」である。そこから、美の感情が「ただの感情」と一つになる。そしてつねにそれを担っている。人は正しい音と言い、正しい精神と言う。このような驚嘆すべき類縁性によって、「しるし」は、神々のレヴェルまで高められた。こうして、外的な宗教が内的な宗教――普遍的な祭儀、自然と精神のあいだの深遠な一致である、美の経験を告知する宗教――と調和して歌っている。それこそが、いうならば、自由の経験である。「天才とは自分の法則を芸術にあたえた自然のことだ」。これがデルフォイの神託である。

もしも読者がこれら三つの発展のなかに、三つの『批判』、すなわち『純粋理性』、『実践理性』、『判断力』の内容をまったく認めないとしたら、彼は『批判』を読んでいないということだ。しあわせな読者。そういう人のために、ぼくは書いた。

I 『哲学者たちについてのプロポ』から　カントの散歩いろいろ

カントはたしかに、人の知り得たもっとも強靱な頭脳の一人であった。ゲーテは、それとは異質な思想家だった。その情念のゆえに、その若気の至りのゆえに、より人間的、またその職能のゆえに、より人間的。なぜなら、彼は大臣もやったし、小事とまじめに取り組んでいたから。彼自身、そんなところをはるかに超越していたのに——。そこから、こんなことが言える。前者〔カント〕はこの世界を二つに分けている。動物としての彼は、感覚的なもののなかを彷徨っている、この意味では、おばさんたちに見られたように、ほとんど自動人形である、しかしながら、彼の思考は別の散歩をしている、すなわち反対に、純粋な観念の世界のなかで、まったく自由な散歩を——。もうひとつの世界——そこからわれわれが飢えや渇きや、この下界の諸問題によって連れ戻される世界——という無限の観念を、「ユートピア」と呼ばねばならない。ゲーテにおいては、まったく反対で、この世に場所をもたないようなそういう観念など存在しないのだ。すべてその思想によって、彼はこの世とかかわっている。彼は生きている、考えている。両者〔生と思想〕は、ただ一つのことにほかならない。

カントの性格はいつも不機嫌に陥っていたと思う。だから、公平な思考でないものは病理現象であると言いたがっている。したがって、彼は自分の劣位の兄弟に対して、あのような仮借なき、超越した道徳を課している。そういう人は自分を直す。それに対して、ゲーテのような人間は、自分を救う。その思想は自然を拒否しない。反対に、ゲーテはそれを取り戻している。非常に強いこの言葉のあらゆる意味において——。だから、このような生き方にあっては、その子が躾られていない、と言わせるような機械的な話はまったく出てこない。

これ〔躾るということ〕もまた、美しい言葉である。魂には二つの「偉大さ」がある。一つは自己を超脱するもの、もう一つは自分に還るもの。マルクス＝アウレリウスはその皇帝の職を軽蔑しなかった。そこからこの世につながれていたものの、彼はある意味では、修道僧であった。自分の気分からくるすべての衝動を、軽蔑し、まったく自己から切り離し、ただ流れゆくにまかせている。それこそまさに、「優柔不断」である。人がその地位や役割をもつ職務、儀式、共同行動から受ける、このもう一つの性格については、それは、「個性」と呼ぶ方がいいだろう。なぜなら、相関的な意味で個人を決定するのは「社会」の方であるのを、想起させたいから。正確に言えば、裁判官の法衣や聖職者の長袍《ほう》祭服のように、行動を抑えるのは衣服である。だから、ゲーテは、いらだち、臆病、いな、退屈を統御するこの衣服を着ていた。

　個人は人間の半分にすぎない。気分のこの不思議は——気分が、「性格」と言われて思考とみとめられている限り——、詩と、ないしはファンタジーと言わざるをえない。想像力はたえず、気まぐれなしるしを生み出している。まったく異質な二物のあいだのあの突拍子もない関係のように——。あるいはちょっと太鼓みたいなあのレゾナンス、リズムのように——。抽象的に考える人は、こうして、指で、体全体で、太鼓を叩いている。なのに、彼はそれを知らない。詩人の本領は、あらゆる種類の太鼓を音楽にし、要するに思考としていることだ。それは野生の思考である。リアルな、強靱な思考だ。そこから、われわれのすべての観念が出てきたのだ。迷信とはいつも、偶然のつながりに意味をあたえることを、内容としている。ほとんどいつもこの幼稚な思考は、「思想」にまで至っていない。もっとも偶発的なものともっとも理性的なものを諧和させて、道をつくり出す仕事は詩人だけのものである。霊感は、動物性を英雄のように信じることにほかならない。あたかも万物が織りなす無数の調べや、万物が身体のうえに降り注ぐあの雨は、もっとも理性的な部分とまさに一体であるかのごとく——。そこから、理性が身体を持つようになり、逆に、この世界が力と美しさを持つようになる。したがって、詩はある意味において、巫女たちや無垢な者の預言的狂気に似ている。しかし、それは救われた狂気である。それは救われた揺籃《ようらん》期である。このようにして、宗教から科学への緩やかな移行は――われわれのすべての観念はそのしるしを持っている――詩人のすべての観念のなかで為されている。過去から未来へと、詩人の言葉は曲線《カーブ》を描き、われわれを世界と和解させている。

Ⅱ　『わが思索のあと』から　カント

アリストテレスは言説《ロゴス》（discours＝ディスクール）だけで時々決まっているように見えることにおそらく驚いて、ロゴスのみに依存しているすべての証明を体系化しようと試みた。彼はそれに成功したのだ。それ以上にうまくは出来ない。ロゴスからかならず言えることと絶対言えないことをすべて知っている研究を、論理学と呼んでいる。たとえば、AとBがなんであろうとも、どんなAもBでないから、いかなるBもAでないことが帰結されるはずである。しかし、すべてのAはBであるから帰結できるのは、すべてのBがAであるではなく、Bのなかのある要素はAに属することのみである。この理論を、ぼくはいつも隅から隅まで全部教えてきた。かならず言えることは形式でしかない。しかし、それをはっきり納得することはきわめて重要である。それについては、これ以上言わない。それは至るところでたいへん立派に成り立っている。それは精神の樹皮なのだ。

プラトンはもっと奥まで見ていた。カントこそ、真のプラトン主義者である。彼自身もそう言いかねず、また人もそう言っていたように——。なぜなら、形式の必然が単なる言語の法則のはるか彼方まで及んでいることを、カントは知っているから。それによって彼は、古典的論理学に超越論的論理学を加えている。次の例はちょっと強引だが、われわれを問題のなかに投じてくれる。ぼくが好んで想定した例である。アメリカの各紙が、ある日、12と13との間に、12でもなければ13でもなくこれまでの研究では理解できなかった、ある整数を発見したと報道している。そんなことは不可能である、そんなことは純粋論理にすぎないと言って、人はこの例をばかにする。とんでもない。それは純粋論理ではない。カントは7と5について、とことん考えた。7と5から直接、12が出てくるのだろうか、それとも反対に、7＋5＝12という命題が問題になにかを付加することはないのだろうか。カントはわれわれの知識を豊かにする判断を、総合判断と呼び、そしてすでに言われたことの繰り返しにすぎないものを、分析判断と呼ぼうとした。ぼくがこの区別をいうのはこれが有名なものだからだが、実を言うと、かの有名な定式「私は自分の思惟を思惟している」を除いて、ぼくは、厳密な意味での分析判断を見いださなかった。この定式については後に、適当なところで論じるだろう。今まず、理解しなければならないことは、いわゆる分析判断を探究し把捉しておくことである。たとえば、2＋2＝4というのは分析判断ではない。なぜなら、2＋2は4の定義ではないから。4は3＋1によって生まれる。2＋2という結合が同じ4をあたえることを証明しなければならない。7＋5＝12については、たとえば　7＋5＝11＋1と書く方がより正しい、とぼくは思う。なぜなら、11＋1は12の定義であるから。この形式からすぐにわかるのは、7＋5＝12という命題は5の分解による一種の証明（7＋1＋4）を意味していることだ。すなわちそれは8＋4をあたえている。

以下、同様にして二＋一が得られる。ぼくが詳論できないのは残念である。なぜなら、これらの美しい例において、精神は困難な証明を行うことをまぬがれているから。精神はあらゆる角度からそれを検討することができるから。そこで、精神はなにを発見するか。ある数が他の二数から生まれることは特殊な性質を有する一つの新しい本質の発見であることを、精神は見いだすのだ。たとえば、12に1を加えると、それは12とはまったく異なる一数を形成する。われわれが数字を分解する、そして再構成するこれらすべての操作は、われわれに可能なものと不可能なものをあたえる一種の経験によってなされている。なぜなら、われわれは13が素数であり、しかもつねに素数であることをよく知っているから。

今、あの有名なデヴィッド・ヒュームにまでさかのぼろう。彼はカントの《独断の夢をさました》という栄誉を得ている。それはカント自身のことばである。この懐疑家ヒュームは、こういうのが好きだった。「ある球が他の球と衝突すると、他の球が動くだろうと期待するが、それはただ、そういう結果をつねに見てきたからにすぎない。したがって、われわれの信頼は、自分のうちにあるこの経験という迷信から出てきている」。「しかし——と、彼はさらに言う——この経験の総和はその球には何のかかわりもない。それは球のなかにはない」。「そしてまた——と、彼は言う——サイコロのすべての面が、ある一面を除き、同じ数字であるのを知ったとしたら、君はこの数字に賭けようとするだろう。この期待は、言い換えれば確率の思考は、しかしながら、サイコロのなかにはない。サイコロはただ、筒のなかで転がり、これらの繰り返された数字からどのような力も受けることなく、テーブルの上で止まる」。ヒュームほど晦渋な人物はいない。流水をいつも見ていたシャムの王様は、流水が象を運ぶなどということはあり得ないと判断した、という物語のなかで、それはもっと明晰である。シャムの王様の経験も水のなかにはなかった。要するに、ヒュームが言わんとしたのは、われわれの信頼はそれがどんなに強くても、可能性や不可能性についてまだ何も告げてはいないこと、また、経験から得られた知である限り、経験はそれが言っていることに限定され、決して将来を保証しないということだ。

　12＋1の経験は将来を保証する。そして、幾何学における経験というのはすべて、そうである。カントの例が示すように、右の耳とその鏡像を重ね合わす方法は決して見つからないだろう。ところで、これら二つの形式《フォルム》は概念的には同一なのだ。なのに、それらが重ならないのは、注意して見ればよく分かるようにそれぞれの部分の配列なのだ。これが重ね合わせを不可能にしている。これらのフォルムのなかに、そしてすべてのフォルムのなかに、事物の内容によらない、ただ純粋空間中の関係にかかわる「必然」を、ぼくは認識する。いつも構成することによって、操作することによってぼくは、ロゴスでは定義できない空間の諸性質をはっきり認識する。今、一つの直線を引く。これら二点の間の関係が何であるかを、ぼくは知っている。それをリアルなものとしている。しかし、それはリアルな体をもたない。なぜなら、ぼくは描かれたものについて推論してはいないから。したがって、空間はフォルムに属している。結局、空間は関係のなかにしかないことを理解するならば、空間が思考であること、空間は存在し得ないことがわかる。カントはたしかにプラトンと同じように探究している。ただし、フォルムの下をつかんでいる。この点を、ぼくは辟易《へきえき》するほど強調した。フォルムと内容《マティエール》が区別されるとしたら、曲がったあるいは真っ直ぐな空間、有限あるいは無限の空間、事物である空間など考える余地があろうか。いかさま師たちは逃げて行く。そのことが正義や平和にどう役立つのかわからないと言うだろう。もうちょっとの辛抱だ。すぐ分かるだろうから。

数の定義、分解、変換（代数学においてもまた）は純粋空間を、すなわち陥《かん》穽《せい》や突発的出来事のない確実な素材を想定している。しかし、これらの級数あるいは継起あるいは継続の展開において、もう一つの、より感覚的でない、より抽象的な形式すなわち時間があらわれる。純粋力学は経験する前に完全に知られた時間形式を想定している。なぜなら、運動物体の位置、クリエ〔飛脚〕の衝突、およびこれに類したことを予言しているから。しかし、代数だけは、ある級数のｎ項の計算において、同じように確実に予言している。ある数の次の数が、ある項の次の項が存在しないことがある、と考える者はだれもいない。

しかしながら、困難な点はまさにそこにあり、パラドクスに陥ってしまうことがよくあるので、時間について何度も省察する必要がある。『純粋理性批判』におけるこの時間形式の記述は簡潔で明晰ではあるけれども――。

空間と時間は〔感性の〕形式である。すなわち思惟の「かたち」、しかも必然的「かたち」である。これらの「かたち」は、したがって、精神に関する眩いばかりの、アプリオリな概念《ノション》をあたえている。なぜなら、それは普遍精神とまでは言わなくとも人間精神そのものであるから。空間は等質的で、連続的である。空間がないということは絶対ない。将来、空間がなくなることも絶対ないことはよく知られている。空間には端と端があって、あらゆる経験に先立って空間は、それらすべての性質をもっている。すなわちそれは、どんな経験もそこではなにも出来ないし、将来も出来ないだろうということだ。同様に、空間は一つである。時間もまた、一つである。カントが言っているように、二つの相異なる時間は継起的であって、同時的ではない。すべての出来事はどんなものであろうと、他の出来事の前か、同時か、後に起こる。何事についてもそれと同時に、一つのことがある。カエサルの死と同時に、渦状星雲を含めて宇宙の一状態があったのだ。それは動かし得ないクロノロジー〔時間的前後関係〕である。それをよく見たまえ。そのことは君をはるかな処まで導くだろう。ヒユームはもはやその存在を認識しがたいほどの難破者にすぎない。

ここに、一つのためらいがある。このためらいによってカントが、ほんとうのカントが、よく分かる。はたしてこれらの空間と時間の形式は、観念《イデー》なのか、概念《コンセプト》なのか、原理なのか。厳密に言うならば、否、である。なぜなら、これらの形式は対象から切り離すことができないから。自然的知覚のなかで、われわれは幾何学的空間さえも認識する。ただ一つの時間のなかで、われわれは旅行をし、老いている。したがって、これらの形式は自然のしるしを得ている。正確に記述しなければならない。そしてこの相違をよく注意しなければならない。空間と時間は感性の形式であると言おう。ヘーゲルとアムランについて言えば、二人ともこの相違を知らなかった。ぼくはと言えば、教え導いてくれた人たち、ぼくを騙さなかった人たちにいつも忠実で、この慎重な態度を堅持している。時々、それでよかったと思っている。その当時、ぼくの歩みはアルピニストのようだった。ぼくはガイドに従っていた。

一段階は超えられた。われわれは今、「悟性」にまで達している。「超越論的分析論」は「超越論的感性論」に続いている。（「感性論」は感覚的認識あるいは知覚を意味する。）今まさに、われわれの前にはもっとも美しい構成がある。『批判』のなかには、十字架の形をしたあの表〔悟性形式〕、そして哲学を習い始めた者に衝撃をあたえるに相違ない、あのそれぞれ三つの区分からなる四項目〔カテゴリー表〕がある。ぼくにとって、この印象は乗り越えられないほど衝撃的だった。幾度となくぼくは、この種の城塞に立ち戻ったからである。幾度となくぼくは、そこに身をささえ、身をまもり、決してそこから退かなかったからである。なぜ？　これらの表は完璧な目録をなすもので、経験を――どんな経験であろうと――考える全方法が、そこに集められ、秩序づけられているからだ。立派な枚挙ほど得がたいものはない、とぼくは見る。理屈抜きにそうなのだ。

冬の日々はこの研究にふさわしかった。われわれは「カテゴリー論」〔断言形式〕、「判断論」、「原理論」と対応した三つの表を、チョークで、美しい文字で書いた。原理論への移行が難点だった。なぜなら、人はわれわれの判断形式が自然に対する立法であることに反撥するが、それはもっともなことであるから。

ほんとうを言えば、感性の形式はわれわれにとって準備だったのだ。なぜなら、幾何学は決して実在形式を予言することなく、実在形式をすべて理解することができるのは明らかだから。また、クリエ〔飛脚〕の問題はどのような与件も予言することなく一度にすべてを予言しているのは明らかだから。これらの指摘からわかるのは、カントの有名な表現による、アプリオリに知られるものは、これから起こるであろうことではなく、ただ起こるであろうことの形式である。カントに従えば、すべての認識は経験に属することを言わねばならない。しかも繰り返し言わねばならないのだ。これらの指摘をした後、議論しようとしないで、ぼくはもう一度、ガイドに従うだろう。ガイドはここでは、多くの回り道をする。原理のこの演繹には二個のヴァージョンがある。カントだったら、三個でも一〇個でも見つけただろう。それほどこの問題は新しく、難解で、まったくタフなのだ。ぼくも何度か取り上げ、いろんなやり方で揺り動かしてみた。ではいったい、この原理のなかの原理〔始めの始め〕とは何か。それは、起こり得るすべての経験は意識の統一と合致しているはずだ、ということだ。ぼくは自分が思惟していることを思惟している。それはいつも同じ、分割できない「われ」である。純粋に形式的な原理。ぼくが事実として、同じぼくであるかどうかを知ることが問題ではない。ぼくが自分を絶対的に他者として、あるいは絶対的に二つのものとして思惟し得るかどうかを、知ることが問題なのだ。自分が変わると考えるやいなや、変わるのはこの同じぼくである、等々、と考えなければならない。そのことが分かると、そのためには時間が必要だろうが、この統一を解体するような経験は意識のなかに入り得ないことが、アプリオリに知られる。そして原理は、この視点から見ると、さまざまなアスペクトから、経験の統一と連続を断言する方法にすぎない。

もっと簡単に言う。このちょっとした橋を渡ることから始めねばならない。今、原理がどのように適用されているか、知らねばならない。なぜなら、われわれは直線を引くように、原理を引いているから。そしてわれわれの全存在がそこにアンガージュされているから。空間と時間の形式がすでに、意識の統一を準備したことは明らかである。カントは想像力の構造を、図式《シェーマ》と呼んだ。この想像力は抽象的で、悟性ときわめて近いものだった。そしてこのシェーマは、その特異な性質によって、概念と等質な空間というよりもむしろ「時間」である。わかる人にはわかるだろう。もしわれわれが想像力によって時間を辿らないならば、われわれの原理は宙に浮かんでしまうだろうということを、ぼくは時としてほぼ理解した。ただ、ここでは分析はあまりに概略的で、後に続く者に委ねなければならない。分析が疑わしいというのではない。反対に、その道が正しいことは分かっている。ただ、それはやっと辿られはじめたばかりである。

それは砂漠のようなものだ。ぼくは自分が縦横に踏みにじった思考体系のこ的経験〔すなわち〕自己意識、「最後に、の部分の観念をあたえようとした。最後に、「自己意識、〔すなわち〕経験的に確立された自己意識は、自己の外にある事物の存在を証明するのに十分である」ということが証明されている定理――ぼくがもっと知られていいと思っている定理――を忘れることなく。それはぼくがこの証明そのものをよく理解したというのではない。それは、証拠が命題から力を奪ってしまうことを、ぼくが認めた唯一の場合ではない。おそらく、人はみんな、自分の輪郭、自分の思考方法、自分の問題意識にしたがって、証拠を自ずとこしらえている。だからぼくは、自分には画期的に見えるこの定理をコメントするたびごとに、かならずテクストから大きく離れた。だが、それは、現実にそうだというよりも見かけ上のことであった、とぼくは信じている。周知のごとく、ぼくが自ら獲得した意識の観念――いつも危地に陥り、いつも自己を克服し、世界がもたらす証拠を、否、もっと言えば、この世界がもたらす証拠の雨を、いつも否定している意識の観念は、すなわちプラトンに由来する、堕罪と救いからなるあの思考運動はすべて、そのたびごとにいっそうきれいな世界、いっそう純粋な、絶対的な意味で実存在に還元された世界をあらわしている。この世界はまた、この実存在の唯一の類型《かたち》なのだ。この点では、ぼくはカンチアン kantien〔カント主義者〕だった。この点においてぼくは、後に、カルテジアン cartésien だったとわかった。当時のぼくのカントに戻ると、「超越論的弁証論」は「分析論」ほど重要には思われなかったと言いたい。あらゆる認識が経験から生まれていて、そうして対象に即して、形式、カテゴリー、観念の全機能がはたらきうることを理解した時から、すべては解決されていた。こうして純粋観念による、すなわち内容にかかわらない、すべての可能な論証は、爾来、ぼくのなかに穿鑿《せんさく》心が生まれるのを待つばかりとなった。

ではいったい、どんな結果が出てきたのか。思うに、それは計り知れない。この人のほとんど訪れない高原から、ぼくはまた、自分の問題へと真っ直ぐに降りる。われわれのまわりには、いかなるポリティックがあるのか。人々は解放された、なるほど。しかし、宗教も哲学も理解しようとしない。思想家たちがすべて、多かれ少なかれ裏切っていることは認める。彼らは多くのものをカエサルに帰している。あまりにも多くの偶像《イドラ》が壊されたと思っているわけではない。結局、革命的思想は存在しないのだ。もっとも教養のある人々はマルクスに飛びつき、あまりよく知らないヘーゲルでもって、マルクスを説明しようとする。またマルクス自身、しばしば、ヘーゲルの論駁にあまりにも性急だった。そのことにはあらためて言及するだろう。革命的思想家と言えば、それはカントである。カントは自由な精神の人たちから、まったく忘れ去られた、いな、軽蔑された。カントは、宗教と道徳の最後にあらわれた救い主にすり替えられてしまったのだ。そういう見かけは十分ある。もっと詳しく見る必要があった。精神は人間の事実なのだ、否、人間の機能なのだ。ぼくがあかししようとしたように、その機能と、すべての妥当な認識のなかに含まれている形式とはまったく別のものである。それを疑う者はここで、激しく頭を振るけれども、彼が頭を振るのは問題をよく知らないからだ、と言いたい。精神は根も葉もない仮説ではない。それは人間の固有の機能である。形式、カテゴリー、原理、観念というのはわれわれの持っている世界認識の確かな要素である。これらの要素というのは、幾何学が単なる技術的経験に属さないことが疑い得ないのと同じように、疑い得ないのだ。なるほどその反対が何度も論証されるだろう。なるほどすべての問題が理路整然とした唯物論によって解決されるだろう。そういうことは可能である。プラトンを見るがいい。そこに飛びこむことは、哲学そのものを知らないことをあかしすることだ。カントの「批判」から導かれるような精神は、教師ではまったくない。いわんや奴隷の教師ではない。反対に、平等を確立するのは自己克服である。自分が精神であることを知る者は、すぐに真の平等を確立する。自分が精神であることを知る者は、自分が自由であることを欲し、古代の賢人たちのように、日常の必要をはるかに超えて自己を高める。この叡知はしばしば、革命の首領たちのなかにある。なぜなら、この叡知は教義よりも強いものだから。またしばしば、信奉者のなか、隠れた者たちのなかにもあるから。しかし、この叡知は、本能以外でない。精神は唯物論と宿命論によって占領されて、そのとき精神は、ぼくが間違っていなければ、省察〔反省〕を自分の内なる敵とみなし、学僧たちにも似て――実際、彼らはいかなる現実的な問いも措定しなかった――、テクストと博識に酔っている。はたして唯物論と決定論は、カントの「批判」の坩堝《るつぼ》から精製された二つのダイヤモンドのように出ている。上述した悟性の原理は、もっとも厳密な唯物論の規範をなしている。それらを、もう一度取り上げて、四つにまとめよう。そこには何があるか。第一は、すべての可能な経験の対象は量《はか》り得る量を有していること。第二は、すべての対象はある性質、ある程度を有していて、真空は存在しないということ。第三は、偶然もまた、存在しないということ。起こっていることはすべて、変化のもとにある不変なもの（エネルギーのようなもの）によって、原因から結果への不可逆的移行によって、世界のあらゆる変化のあいだの相互作用や相互的依存関係によって決定されている。第四は、可能なものは経験の埒外では何物でもないということ。存在は感覚《サンサシオン》によって、はじめて知られる。そして必然は、つねに仮説であるということ。もとより、この言表は、人を十分納得させることができない。それは人がほとんど行かない道を示している。では、そのとき、「精神」については何が言えるか。この輝かしい存在の塊と対照的に、精神は、意志なくしては決してもちこたえられないあの叡知の創出者、恒久的支え手として自己自身を知る。賢者の甲冑《かっちゅう》である唯物論を、愚かな者たちのあのもう一つの唯物論から、救い出さねばならない。これについては、大衆にこびたある人が、ある日、こう言って要約した。「俺の生き方《ポリティック》は、俺のスープと俺のベッドだ」。そのことから、ぼくは、モンマルトルで苦々しくぼくに、「天文学。なるほど、それも結構だ。パレ＝ロワイヤルの大砲は正午きっかりに、太陽の光を浴びて発射する。それは結構だ。しかし、それがすべての人々に昼食のスープをあたえてくれるだろうか」と言った社会主義者を思い出す。まさに、あたえてくれるのだ。もしもそれぞれの人が、天文学によって、あるいはなにか別のしかたでもって、自分が精神であることを知ったならば――。なぜなら、ある人間は、そのスープを、すなわちそれがなければ本心を漏らすスープを受ける権利がないことなど、だれも知らないだろうから。われわれはその代わり、動物は、ちょっと状況が逼迫しただけで、何の容赦もなく殺され得るし、否、殺されねばならないことを、あまりにもよく知っている。動物は。はたして、どうして人間がそうでないと言えるか。なぜなら、一顧だにせず手段とみなされた人間たちを殺戮するあの戦闘精神を、正義を主張する人たちのなかにもぼくは見ているから。「君自身のなかでも他のどんな人においても、決して人間を手段とみなしてはならない。つねに目的とみなせ」。これはカントの格率である。実践の格率であって、これはどんな学説に対しても価値を失うことはない。この生き方に徹することができる。すべての唯物論者が最後にはそこに行くと、ぼくは信じる。ぼくが明示しようとしたのは、この生き方は、もし最初に、自分が精神であることを知るならば、自分が精神のくにに属するものであることを知るならば、何でもないことであり、あえて言えば、それは柔和なものだ。ここには、ぼくが真の神秘哲学と呼んでいるものが、あらわれている。それは、推察されるように、友人の教諭たちに極度の疑心を抱かせている。彼らが疑わしく思うのは正しい。しかし、ぼくが自分の思想を何ひとつ隠さないのも間違いではない。だって、どうして隠さねばならないのか。神の秩序だろうが人間の秩序だろうが、そのような義務に少しでも反対しうるものはない。われわれが問うているのは今日の問題・明日の問題なのだ。全くたしかに、「マルクス主義」はその発展のなかで、どのような自由の教義も、「人類」の教義も、戦争の教義も生み出さなかった。この点においては、もしそれを意識していたなら、法王の方が勝っていただろう。しかし、彼は個人救済のテクニシャンにすぎない。

今、ぼくは急いでカントの「義務」観念を見よう。カントはすべての人の学問を対象として考えたあと、批判的方法によって道徳を省察した。ただ道徳を明晰なものにしたいとだけ考えて――。仮定によってわれわれの行動を規定している仮言的命令には、だれも驚嘆しないことを知ったカントは、詳しい検討によって有名な「定言的命令」に至った。これは仮定を認めないもので、嘲笑された。嘲笑するのは勝手である。しかし、誤らないことが大事だ。ところで、もし現金出納係が、ただ逮捕され罰せられるのを怖れて盗みを控える時、彼が正直であることが、あかしされているというのなら、ぼくは武器を捨てる。もしある人が、結局のところ、真理を求め、真理を教えるのは自分自身の利益となるからである時、彼の真理に対する愛があかしされているというなら、そうだというなら、ぼくは武器を捨てる。もしある人が、自分を裏切りたくないという思いだけで、正義を実現している時、彼は正義の士であることが、あかしされているというなら、ぼくは武器を捨てる。もっと性急に論を進めさせていただく。いっそう明晰な例によって、この分析を繰り返す。ぼくはある組合の書記であるとする。ぼくは裏切ることができる。そんなことはまったくたやすいことだ。ぼくは何も書かないことができる。そしてトップたちと話し合っているふりをして、彼らが欲しがっている交渉、計画、首謀者についての全情報をあたえることができる。これらのことはほのめかしただけで分かるものだ。トップはぼくに名誉のようなものを配慮するだろう。しかしながら、ぼくはまだためらう。なぜなら、秘密が知られたら、人はぼくを糾弾するだろうから。疑われただけでもぼくは、名誉と利益さえも期待している民衆の頭《かしら》という仕事のなかで捕らわれるだろう。徳というのは、このように結果を計算することを、内容とするものだろうか。そうではない。なぜなら、もし徳が、そのようなすべての条件の評価から出ているとしたら、それはもう徳ではないと、普遍的判断はまったく躊躇することなく、宣言するだろうから。徳は仮定を含まない他のモティーフによって決定される。いったいどんな？　誠実のための誠実か。原理のための原理か。動物に堕することを欲しない人の絶対的名誉か。自分に対する誓いと結ばれた名誉か。選択し、誓った思惟に対する尊厳か。これらの言い方はすべて、同じ価値を有するものだ。では、その本質は何なのだ。理性か。そういってもいいかもしれない。なぜなら、普遍的理性は状況によって決まるものではないから。しかしながら、あまりに多くの罪悪にその名を貸したこの円熟した人物（理性）には気をつけよう。なぜなら、都合の悪い証人、あるいはあまりにも立派に武装されたライバルを排除するのは国家理性であるから。ぼくはむしろ、精神である人は、自分が自由であることを欲し、そして自分を再び奴隷にするようなすべての条件を拒否する、と言いたい。なぜなら、いちばん有利なものを選ぶのは立派なことだろうか。また、裏切りの代価があまりにも小さいようである場合、その時、リスクに応じて、心の奥では裏切りながら、恐怖から忠実であろうと決心するのは、立派なことだろうか。そうではない。人間はだれであろうと、馬具に対するあの自由な拒絶を幸いにも知っている。ある人は殺人をしたが、自分の生命を救うために裏切ることを拒否する。真の名誉はしばしば、不思議な働きをもっている。この世の何ものも、仮定に基づく罪悪である戦争さえも、名誉なくして行われないだろう。さらに付言するならば、自分が自由であるのを欲することによって、動物がきわめて敏感に反応するさまざまな理由を拒否することによって、その時、人間は省察のなかで真の理性、すなわちどんな審判者でも正当と認める理性に従っている。さらにもう一度、自由の至高の営為は、正しく考える条件であることを知るがいい。最後にぼくは、すでにやってきたように、こう結論する。自由は何ものでもないこと、そして、すべての人は仮定によって、あるいは鞭によって導かれていることを心のなかで決めている者、そういう者はあらかじめ、すべてのことを裏切っている――。なぜなら、組合員の努力が悲惨と死以外の何かをもたらし得るなどとだれが言えるか。それを言うのは経験ではない。もう一度言う、わが友よ。君が何をなしたにせよ、君が何かに忠実である限り、君はそのことだけで精神なのだ。はるかこんな処まで、カントの恐るべき炯眼はぼくを連れて来た。ある日、靴直しの判断における正直な人とはいかなるものであるかを、知ろうとしたこの地質学の教授、カントの――。彼はそこで何をなし得たのか。意識がダイヤモンドのように輝いている。ぼくはそこで何をなし得るのか。今また、あらわれているのは「精神」なのだ。「精神」が永劫に虚偽のさまざまな徳と、そこから出てくる仮説に対して裁きをくだした、そしてそれらを軽蔑したのだ。「人間精神」と言っても、「絶対精神」と言っても、「神の精神」と言っても、いつも同じことを言っているのである。ユゴーの偉大な唇は、疑い深い人の静謐《せいひつ》さをもって「〔自己〕意識、すなわち神〔意識〕」と宣言している。なぜそのことに全く怖れおののかないのか、たっぷりと説明しよう。もしある人が、その一二歳の時から六七歳まで不信仰だったとしたら、それはぼくのことだ。ぼくは確固たる不信仰者だと言える。だから、ぼくの証言は人の関心を引くに違いない。

ぼくの考えはカントを超えていた。でも、いつもカントに戻っている。頭の堅いあの善良なカント主義者ルヌーヴィエは、ぼくの先生の一人であった。教室で、彼から多くを学んだ。手にペンをもって彼を読んだ。そこでぼくは、教養についての正しい観念を得た。しかし、『批判』に対する彼の批判については、従わなかった。彼が改革しようとしていることを再検討する必要があると思われただけだった。その代わり、自由の問題については、彼から何かを学んだ。すなわち、厳密には自由を証明することなど不可能であるということ、いつも自由を欲しなければならないということ、そういうことは、自由の本質に属していることなのだ。もとはカントのものであるこの観念を、ぼくは無限大に発展させた。

また、カントの改革者として、ぼくは有名なアムランを挙げよう。彼は最近亡くなったが、驚くべき著書『表象の主要原理について』を遺している。うわさによれば、なぜなら、栄誉を受けたのだから、それは厳密で体系的なカテゴリー表だった、という。ぼくはその書物に飛びついた。『ラ・ルヴュ・メタフイジック』のなかに書評を書いた(アムランはすでに亡くなっていた)。爾来、自分の持っているその本を何度も何度も読んだ。それがボロボロになるほど――。時々、ぼくはこの思想の本質そのものを理解したと信じた。それはラニョーの思想とともに、同時代の思想のなかでぼくが真面目に受け取った唯一の思想――。それがほんとうだとは決して信じなかった、とあえて言おう。実に聡明で、実に見事に構築しているライプニッツについても、いつも同じことが言えた。ライプニッツを読み、読み返し、時として彼の思想に深く入り込んだこともあったが、「でも、これはそうではない」といつも思った。アムランによってぼくは、ほぼあらゆることについての予料と光を見た。そして最後には、自由な人間の神学はいかなるものでありうるかを、見た。彼を、後に出てくるヘーゲルと比較するとき、ぼくがそのことについてどう考えているかを、もっと容易に説明できるだろう。アムランを読み、読み返した後、ぼくがたどり着くのはいつもカントだった。カントに留まるためではなく、むしろ、カントを壊すことなくカントを、あらゆる方向に拡大するためであった。そしてへーゲルからもまた、ぼくはカントに戻った。ぼくがいつもプラトンに戻っていることは、すでに告白した。事実、ぼくは『国家』を、善良ではあるが十分な素養のない組合員に読むようにあたえ、ぼくはそれを後悔しなかったし、彼もであった。ぼくがここで書いていることは多くの人が考えていることである。しかし、それをあえて言う人はほとんどいないだろう。裏切りの非難は速やかに至るものであり、怖れられているからだ。ただそれを考えただけで、自由の躍動がぼくを拉し去る。友愛がそれに続く。ほんとうに続く。平等は至るところで、つねに、ぼくの思索の空気のようなものである。

Ⅲ 『カント哲学についての手紙』 セルジオ・ソルミ宛

第一の手紙 「純粋理性」の観念

親愛なる友よ、カントの哲学について、ぼくは君に手紙をいくつか書こうと決めた。なぜか。それは君がこの哲学者をあまりにも読まなさすぎると思ったからではない。しかし、君がカントを十分に読んだとは思わない。それに、だれもカントを十分に読んではいないと思う。それはよくわかる。なぜなら、カント哲学は思想史のなかで何一つ新しいものをもたらしてはいないから。

ベルクソンはかなり辛辣にこう言った。「カント哲学は、ほぼ一新されたプラトン主義にほかならない」と。ここから出発しよう。ぼくの見たところ、カントにはまさにプラトンの徳がある。カントはその哲学体系によってわれわれを魅了しているのではない。カントはわれわれの思想に断固とした行動を及ぼしているというのだ。それがゆえに、多くの者が彼を恨むことがある。カントは実際のところ、われわれに万人の思想をもたらしているというからだ。カントは、ソクラテスのように、「今度は君が答える番だ」と面前で言って、われわれを不安にさせる。それはわれわれを脅かす。われわれは教えてもらいたいのだ。われわれは反駁されたいのだ。ソクラテスはゴルギアスとかプロタゴラスのような想像上の存在に対してしか反駁していない。純朴なクリトンにも、ナイーヴなパイドンにもまったく反駁していない。カントもそうだ。彼は誤謬を解消している。反論を無化している。彼はいつも読者を勇気づけている。論争というものは、彼のなかではまったく小さなものである。カントは他のだれよりも精神を持ちたいなどとは思わない。だから彼は弟子をもたない。多くの者が、ラウフのように、こう言った。「ぼくはカントをすべて認める。ヌーメノン〔本体〕以外には」と。これは何も言ったことにはならない。したがってぼくは、彼はいつも正しいという考えから出発することによって、いつもカントを、決して反論せずに示そうと思った。あなたには、まだ若いな、と見えるだろう。ぼくの方としては、君を、ちょっと論争の相手のようなものと思わざるをえない。君を、あの真理探究の方法——誰も彼も皆殺しして行き、そしてついに彼が命を救ってくれると思われるある負傷者を見いだすまでだれもかれも皆殺しして行く方法——から解放するためには、ぼくにはカントのような哲学者が必要なのだ。しかし、これはかなり一般論である。ぼくはこの手紙のなかで次の問題を論じたいと思う。自己意識、空間、時間、幾何学、代数学、および他のあらかじめ挙げる必要のないもの。これらすべての問題についての議論を理解した。そこからぼくは、ポアンカレやアインシュタインがカントを読まなかったのはきわめて不幸であったことを引き出した。ぼくが彼ら二人の名を挙げるのは、偉大な学者の誤りは学ぶところが多いから。プラトンに戻ろう。なぜなら、ぼくはしばしば、「悟性の人がプラトンを読まなかったのは不幸である」と言ったから。プラトンやカントがほとんど翻訳でしか読まれないことはよくわかる。しかしぼくは、翻訳は訳された著者の思想を正確に再現していると思う。あたかも翻訳のなかに著者の文体や質料《マティエール》を求めているかのごとく、というのではない。観念については、それを捉え損なうことはない。自分の観念ではなく、読み手の観念を示すような著者にあっては。自己自身を知るようにと、君は促されているのだ。隠さずに言えば、これはたいへんな要求なのだ。読み手を独創性と孤独の危険に投げ込むものだ。

わが親愛なる友よ、これがぼくの序言である。もし君がそれに戦慄するならば、ぼくは何も言わなかったことにしよう。では、批判的探究の原理である「われ思う」（**Je pense**）から、分析を始めよう。「われ思う」という意識の統一は、医師たちが語りすぎるほど語っている、いわゆる人格分裂のうえに基礎づけられている。なぜなら、ぼくが二人いると思うことから、「われ」は唯一であると考えねばならないから。たしかに、どんなに過去にさかのぼっても、ぼくが二人であると思い至るような経験など決してないだろう。それはカントが、意識はアプリオリなものだ、と言っていることである。彼は通常、「自己意識の、本源的意味での、総合的統一」と言っている。この見事な定式に読み手は唖然とする。それを易しく捉えるようにしなければならない。ぼくがここで説明したいのは、ただ「総合的」という語である。これはカント用語である。そこで分析判断・総合判断についてひとこと言わねばならない。「分析判断」というのは、属性がただ主体をくり返しているにすぎないような判断である。たとえば、人は嘘つきである、ということは、人間は人間である、ということだ。そこから君は、アリストテレス論理学ともいわれる古代論理学の厖大な展開を統覚する。この点においては、カントの読み手はある判断が真に分析的であるかどうか求める。たとえば、もし君が、金は電気をよく伝えると言うならば、君は金の性質を調べることによってそのことを結論することはできない。ただ、上記のことをわれわれに示すような経験があるだけだ。どうしてアポステリオリな判断が、アプリオリな判断と対立するのか、よくわかる。アポステリオリな判断は、属性が主体に何かを付加するという意味で、つねに総合的である。

アプリオリな判断は、主体の内容的な分析によって属性が弁別されるという意味で、かならず分析的である。したがって、空間が無限であることを証明しようとする者は、ある観念、否、言わば概念か何か他のもののなかに証拠を求めるべきではない。自分が主体のなかで何を考えているか、だけを考えねばならない。人間が不完全であるというのは、もしぼくが人間を自然の中にあって、たえず万物から攻撃を受けている生物と理解するならば、必然的である。なぜなら、その場合、精神がさまざまなものを受け容れていること、そしてそれらのものが真の思想をなすかどうか知る前に、まずそれらを言い表していることは明らかであるから。そこから、人間の思想は不完全であること、否、そう言ってよければ、人はすべて嘘つきであると結論されるだろう。なぜなら、衝撃にたいする反応はすべて、一つの身ぶりであるから。この身ぶりはかならず虚偽である。ここからすぐ、われわれは、真摯《しんし》な人間の最初の素描をすることができる。真摯な人間とは最初の身ぶりを抑える人である。この意味では、自分がはっきり変わったような身ぶりを友人に見せる者は真摯と言うべきではなく、反対に、嘘つきと言わねばならない。ここでその身ぶりを抑える者は真摯である。おわかりのように、われわれの判断は世人のそれではない。君は大胆な予料によって、道徳がアプリオリなものであることがわかる。このような省察によって、精神は哲学することができる、とぼくは思う。その場合、哲学とはアプリオリな思惟以外のなにものでもない。哲学によってわれわれは「精神」を知る、と言っても同じことだろう。弟子の驚愕を和らげるために、ぼくは次のことを想起したい。物質の本質が何であるかを探究したデカルトは、神にしたがってのみ、すなわち「精神」にしたがってのみそれを判断しようとした。こうして彼は、物質について、運動について、衝撃について、延長について、空間について、時間について決定したのである。そこからスピノザ主義が出てきた。これは、よく知られているように、大《おお》いなることである。カントは、同じ探究方法によってあの公理、すなわち二つの異なる時間は必然約に継起するものであること、また空間は果てなきものであることを発見した。この例を楽しんでみよう。空間が境界を有するとは、空間のない場があると想定することである。ここにはもう一つの論理、すなわちカントの言う超越論的論理があらわれている。これは、ことに、すべての正しい命題は分析的であることを発見するものである。これはライプニッツによって定式化されたものだ。つまり真の命題においては属性が主体のなかに含まれている。これで十分である。われわれはカント主義のただ中にいるのだ。われわれはその中心にいる。なぜなら、自然科学の諸原理を基礎づけるものは、「われ思う」という統一は決して解消されえないということであるから。これによってあの美しい章題「諸原理の演繹」にすべての価値があたえられる。こうしてこの思想家は、王者のように邁進する。彼が言うように、ヒュームによって「独断論の夢」からさめたカントは、しかし、原因性も自然の諸法則も基礎づけることができないというヒュームの懐疑には陥らないようにしている。カントは、「理性」の原理が自然の法則なのだと、あえて言い切った。それはなぜか、また人々の精神に彼がどんな難問を投じたか、少しわかるだろう。親愛なる哲学者よ、ぼくは今君にこの難問をあたえる。なぜなら、この難問のなかにはわれわれのささいなトラブルを思想に変える美しい、偉大な懐疑が含まれているから。

一九四六年三月二十二日

第二の手紙　「純粋理性批判」について

君に書いた第一の手紙を考えながら、ぼくはそこにいくつかの問題点を見いだした。それはよく知られたカント、伝統のカントが、まったくあらわれていないことだ。少なくともぼくは「純粋理性」観念、すなわちあたかも理性の諸要請が事物の法則であるかのごとく、自然を調べることなく自然の諸法則をあたえるあの理性の観念を明確に示した。その代わり、学問のなかでこの理性の使用法を規定するはずの「純粋理性批判」観念を示さなかった。すでに君は、仮説に従う危険性を統覚している。それは人の言うほど重大でないことを理解している。ここでぼくは、仮説と憶測にすぎないものを区別したい。たとえば、ぼくが火星には人が住んでいると考えるならば、ぼくは仮説を出しているのではまったくない。憶測しているだけである。しかし、空間はここにあるように到るところにある、という想定は、逆に、一つの仮説である。仮説はこのことから定義される。つまりそれは必然的である、そう言ってよければ、われわれにとって必然的であるということ。その通りである。やはりわれわれは、それ以外のしかたでは考えることができないのである。同様に、われわれは二つの異なる、かつ同時的な時間を考えることができない。時間がぼくの時間であるように、空間はぼくの空間である。そのことはわれわれに繰り返し語られたことだ。これが近代哲学者たちのテクストである。現代思想家のなかでスピノザの哲学的立場を理解した者は少ない。すなわちスピノザ哲学によれば、反対に、理性はすべての人びとにとって神のうちにある。それは神との親密なかかわりを意味するものである。この親密さに、デカルトは驚かないだろう。

この立場は強靱なものだ。かつ自然的なものである。物書きにすぎないジュフロワが、われわれの思想を支配する方法は神がそれをどう考えているのか知ることだ、と言った。カントの強靭さは、この自然宗教をつねに考え続けたことだ。この自然宗教はまた、啓示宗教の根柢でもある。神学者は自分の意識に訴えることしかできない。これは神を精査する真の方法である。そこから一つの偉大な「理性」が出てきた。その「理性」は、まったく予期せぬ結果として、すべての原始的迷信をあかしすることになったのである。もしデカルトの神的推論と結合された、野生の実践でないとしたら、宗教とは結局、何なのか。ここには否定すべきものは何もない。なぜなら、迷信は記憶や重力と同じように、自然の事実であるから。神学的推論というのは、かなり強固なものだから、賢者は自分自身のうちに迷信を見いだして慰められている。この点ではマルクス＝アウレリウスとボシュエは一致している。カントも否定してはいない。彼の注意はただ、しばしば、混ざり合うと危険なものとなる想像力と理性という二つの躍動を、限定しているだけである。ここでよく考えることにしよう。われわれの理性とわれわれの想像力ということである。これらはわれわれが取り外すことのできない、しかもそれによってわれわれがすべてのものを見ている眼鏡のようなものである。この意味では、われわれの確実性は主観的なものであると言うことができる。そして人間はプロタゴラスが言ったように、たしかに万物の尺度である。いな、「万物のメートル尺」すなわち「万物を評価することができるもの」とも言えよう。

ところで、ラニョー（Lagneau）はこう言った。「主観的認識などは存在しない」と。ラニョーの哲学的立場はここでは、かなり微妙な弁証論を見いだしている。なぜなら、われわれは知るためにわれわれの「理性」以外のものを持っていないから。もしも何かがわれわれのうちで神的であるとしたら、その場合すべてのものが神的であり、また世界は、われわれの眼に見えるようなものであり、われわれがわれわれの眼によって、あるいはわれわれの理性によって判断したものである。したがって、人はしばしばこう言った。「カント主義は、われわれの認識はわれわれの観念《イデー》、あるいは感覚的印象以外でないことを統覚した、主観的なイデアリスムである」と。カント哲学のこの位相は、かなりよく知られている。彼は自分自身のうちに立てこもっている。彼は自分の観念に秩序をあたえることに限定している。しかしながら、実践の問題は主観的イデアリスムではうまく行かない。そして実践哲学への道が開かれるのがわかる。

実践哲学は、どんな認識がわれわれの行動を導くことができるかを問うものである。これは実用主義（プラグマティズム）であるが、実用主義というのは、周知のごとく、哲学のなかでいつもあらわれている。そこで知るということは信念となる。すなわち信仰となる。

なるほどその通りである。でもカントは、『純粋理性』のなかで、イデアリスムへの反駁を書いている。イデアリスムはたしかに曖昧だが、しかし、一つの定理に要約されている。この定理はぼくの知る限り、きわめて美しいものだ。こう言っている。「自己認識は、経験的に確立されたものであることを忘れない限り（しかし……）、われわれの外にある事物の存在を証明するのに十分である」。どういう意味なのか。ぼくは観念論的テーゼが仮象と実在という二つの術語を想定していることを理解するのにかなりの時間がかかった。カントはあえて言い切っている。現象とヌーメノン〔本体〕。現象はそれだけですぐわかる。ヌーメノンはきわめて曖昧である。この語は、字義通りには思考されたものを意味している。したがって、思考されたものが真であるかどうかを知ることが問題である。これは先行のすべての思考展開をかなりうまくまとめている。ところで、われわれは他のしかたでは考えることができない。われわれは思考されたものは仮象よりも真であると考える。たとえば、原子は埃《ほこり》やその類いのものよりも真であると考える。しかし、次のことを文字どおりに解してみよう。われわれは仮象をそれ自体として考えることができない。そのことから、仮象と実在が二つの正反対の術語であるのは確かである。が、しかし、切り離すことのできない術語である。こうしてわれわれの知覚は、われわれには確実性を意味するものとしてあらわれている。これもまだ、十分な指摘とは言えない。知覚とはそういうものなのだ、すなわちまさにそれをいつも支えている懐疑によっている、そしてそれを否定している懐疑によっている。自己自身に対する意識のこのような分析は、カントから生まれたあの強靱なドイツ哲学及び超越論的イデアリスムの根源である。フィヒテ、シェリング、ヘーゲル。彼らは懐疑を拒否した『批判』の成果である。この闘いによって、「精神」が培われた。

だから、カントが『単なる理性の限界内における宗教』を書いたことに、

『純粋理性批判』を深く省察した者は驚かないだろう。きょうのところは、これで十分である。知覚論は「超越論的感性論」のなかにあることを覚えておこう。これは空間と時間というアプリオリな形式で支えられた感覚的認識《アイステシス》(αἴσθησις＝「感覚によって知る力」「悟性によって知る力」)を意味するものである。このように、すべてのことが、ぼくの挙げた有名な定理に帰着する。すべての有効な認識は、概念による知覚である。想像力を用いるのは概念である。この結合はカントによって、「悟性による図式操作《シェマティスム》」と命名されている。これはたしかに明確なものではないが、あのアリストテレスの古い格率「想像力がなければ思想はない」を言い表している。以上すべてを要約するものとして、ぼくはカントのもっとも美しい、かつもっとも曖昧な定式を選ぶ。「概念なき直観は盲目である。直観なき概念は虚無である」。すべての認識はシェマティスムからなっている。しかし、上昇のシェマティスムと下降のシェマティスムを、ぼくはあえて区別する。前者は直観から概念に上昇するものである。仮説の創作がそうである。後者は仮説の利用である。それは概念から知覚に下降する。印象を知覚に変えるものである。そこからわれわれが出ることはない。
親愛なる哲学者よ、どうかぼくが、ゼウスにならって、このような暗雲を集めているのを赦してください。このような暗いうごめきこそ、われわれの意識そのものなのだ。またわれわれの朝な夕なの祈りなのだ。いま不敬虔な書を読むがいい。そしてそれがかなり弱いことを認めるがいい。

一九四六年三月二十三日

第三の手紙　空間と時間

「超越論的感性論」あるいは知覚論は、主に、印象を知覚に変える二つのアプリオリな形式の説明を内容としている。この点について、ぼくは少し論じたい。なぜなら、人はイデアリスムを反駁する有名な定理を決して十分には説明しないだろうから。イデアリスムを受け入れることができないのは、仮象をそれ自体として、すなわち想像力だけを考えることはできないという意味である。われわれは懐疑的世界から実在の世界に行くことはできない。ぼくがほんとうは立方体でないのに、視覚的仮象として立方体を確認する時、その時ぼくは、立方体の仮象を確認している。したがって、知覚は実在の対象を含んでいる。仮象から出発してわれわれを実在へと導こうとする弁証論は、リアリティを持たない。

そのことはわれわれを、立方体の現出のなかで生まれている、空間についての重大な指摘に導く。ぼくは生まれていると言ったが、それは、空間というのは事物を覆っている広がった着物ではないからだ。空間はたえず動いている。たえず生まれては消えている。空間は精神の符牒《しるし》である。ラニョーはぼくにこれらの問題を教えてくれた。これらの強靱な省察から、今日のカントの読者が多くを学んでいるのは正しい。もし君が空間を正しく理解しようと思うならば、距離を、とくに根本的に考えるがよい。これは明らかに無である。なぜなら、距離は隔たった事物には属していないから。それはわれわれが見ている世界のなかで意味された、瞬間ごとに懐疑によって生き生きとされた判断にほかならない。これがそれ自体としては把捉されない空間である。ぼくはリセ・コンドルセの優秀な学生が空間について繰り返していたことばを思い出す。「何ということだ！　空間がないなんて！」彼の言うのは正しかったのだ。哲学はたいしたことではないと思ってはならない。また「空間」を、貨幣制度下の信用貨幣のように用いていると思ってはならない。劃期的な哲学思潮はいつも一種の観念の通貨危機のようである。諸観念が精査なく受容され、使用されているのである。いま君は、対象の外には存在しないこれらの観念の例、すなわち知覚の分析のなかでしか立ちあらわれないこれらの観念あるいは形式の例を見ている。はたして、すべての観念がそうなのだ。ぼくがそこで言ったことはまったくカント的な考えである。カント哲学のなかには密雲はない。否、道徳のなかでさえも。しかしそこには、重大な注意が必要だろう、観念が決してあらわれないということを確証するためには。美はその好例である。君は知覚論と同じほど厳密な、美や崇高さのすぐれた理論を期待するがいい。それは『判断力』といわれる『第三批判』のなかにある。そこでは恐るべき闇が待っているのを予見するだろう。このような予料から、君はすでに精神を震撼させるあの世界、『パイドン』のような雰囲気を垣間見るだろう。

経験のなかでこのような形式の発見を確実にするために、ぼくは一つの小品の精神を説明したい。そのタイトルがすでにすべてを言い表している。『プロレゴーメナ』（学として呈示される将来のあらゆる形而上学のための序論）。

ここでは『批判』の区分は忘れられている。分析はあの難解な問いから始まっている。すなわち「アプリオリな自然学はどうしたら可能であるか。代数学は。幾何学は」。哲学のなかではよく知られたこれらの分析は、空間と時間を現出させている。たしかに、時間の形式を想定するのはアプリオリな力学であり、アプリオリな代数学である。その通りだ。ここで弟子の怠惰が強く揺り動かされる。なぜなら、空間がすべての静止位置から逃れるよりもさらにうまく、時間は逃れるだろうから。すでにぼくはこの公理を挙げた。二つの異なる時間は必然的に継起するものである。これは、時間は一つしかないというのと同じである。

有名な例に戻ろう。カントは7＋5＝12という命題をたえず考えている。どういう意味か。この種のもっとも単純な例 2＋2＝4を考えよう。ライプニッツによって厳密に分析するならば、2＋2＝(2＋1)＋1である。なぜなら、2＝1＋1であり、2＋1は3の定義であるから、4の定義である 3＋1の和になるからである。しかし、それは2＋2＝4という判断が分析的であることを意味するのか。それはそんなに単純なことではない。このような例のなかでカントは大発見をしたのである。すなわちアプリオリな総合判断などは存在しない。どうしてそういうことが可能なのか。ここにおいて「批判」が「独断論」となる。フェニックスの奇跡がまた起きる。なぜなら、総合判断が必然的に経験的であることはよく理解されたことであるから。ここでまた、経験がアプリオリなものとして立ちあらわれる。その通りだ。2＋2＝4あるいは7＋5＝12という計算は、一種の経験である。しかし、とカントは自問する、これこそ「超越論的感性論」の分析のなかで示したかったことではないか。すべての経験はアプリオリである。すなわちアプリオリな形式を持たない経験は存在しないという意味である。判断は知覚のなかにある。世界は精神によって存続している。

空間について言われたことは、時間についてもまた言うことができる。たとえば、時間は終わりをもつことができない。なぜなら、この終わりの後にはもはや時間がないという以外には、どうやって時間の終わりを意味することができるか。人はしばしば、時間が過ぎ去るというけれども、正しい言い方ではない。反対に、時間は止まっている。時間はそれ自身によって永遠である。こう言ったほうがいい、すべての存在の方が、それが何であれ、時間を旅している、しかも他のすべてのものと同時に、と。こうして、ぼくがある時間に到達すると仮定するならば、他のすべての存在がこの旅のなかでぼくに付随するだろう。そしてこの瞬間に一緒に到達するだろう。ウェルズはその有名な小説『タイム・マシン』のなかで、これらのアプリオリな総合命題を知らなかった。この巧妙な、説得力のある作品を批判することによって、人は形式が好き勝手にならないことを統覚するだろう。

人は空間をいろいろに定義した。人は三次元以上の他の空間をつくり出すために、それをユークリッド空間として定義した。アンリ・ポアンカレはこう言った。「幾何学者は幾何学を、まるでチョークで書くように、空間によってやっている」と。この言葉は一世代を唖然とさせた。ポアンカレは空間が一つの事実であることを意味したのだ。しかし彼は、それは空間が必然的な存在だというのとまったく同じであることに気がつかなかった。

ぼくはラニョーが一度、空間は必然的に三次元であり、三次元でしかありえないことを証明しようとしたことを思い出す。彼は実在と可能、それから可能と実在の結合という次元を示すことによってそれを証明している。この証明については、ぼくは何も信じていない。外界の存在についてのジョレスの主張のなかには、もう一つの証明がある。ここには立派な論文テーマがある。すなわち神の存在証明についてやったのと同じように、哲学者たちのなかで三次元の証明を集め、そして議論すること。また、カントはこの最後の問いについては、言うべきことがあろう。そのことばはすべての論争に終止符を打つだろうと思う。「超越論的弁証論」を待つがいい。われわれはまだ「超越論的感性論」にいるにすぎない。その後で、「超越論的分析論」のもとで悟性の主要な記述と取り組まねばならないだろう。友よ、それは次の手紙のテーマだろう。

さらにひとこと、空間と時間について言わねばならない。カントはそれらを感性の形式と命名している。この区別を、彼以後の偉大な哲学者たちは忘れてしまったようである。この表現は何を意味しているのか。思うにそれは、これらの形式は抽象的思弁によっては知られない、否、反対にそれらは直観の対象、すなわち感覚的（審美的）認識の対象である。ぼくがこれを指摘するのは、ただぼくは、カント哲学に何ひとつ修正を加える意志がないから、またそれに、そのことはきわめて重大なことだと思うからだ。また、ぼくはある大胆な知性主義者が、幾何学者の空間は万人の空間ではない、と主張するのを聞いた。ぼくはそのことに躓《つまず》いた。カント的精神によれば、一つの空間しか存在しない、とぼくには見えるのだ。さもなければ、「分析論」は「感性論」から区別されるだろうし、この世の空間は、自然の法則であるこれらのアプリオリな総合判断をもたらすことができないだろう。今度はほんとうに止める。親愛なる哲学者に。心を込めて。

一九四六年三月二十五日

第四の手紙　悟　性

では、悟性表と取り組もう。これは三段階からなっている。諸カテゴリーは定立、あるいは定立のようなものである。諸判断は対象に適用されたカテゴリーである。諸原理は自然の法則となったアプリオリな判断である。なぜこの思考体系を論ずるのかというと、それは『批判』のどこにでも見いだされるからだ。この体系を理解するのは、並大抵ではない。今日、カテゴリーに注意をはらう者がいるだろうか。アムラン以来、だれもいない。ところで、カントのこの体系は、一世を風靡したものだ。われわれはその精神を発見しなければならない。厳密さを欠くところに「理性」はない。広く受け入れられた、（ものを）普遍化するはたらきを「理性」と呼ぶのでなければ。

当然のことながら、悟性の表のなかには記述の部分がある。アリストテレスは十のカテゴリーを挙げた。カントのなかにもこの枚挙があるが、「超越論的感性論」の予備分析にしたがって図式化されている。分量、性質、関係、様相という四つのカテゴリーがある。各カテゴリーは三分割されている。分量は単一性、数多性、総体性に。性質は実在性、否定性、制限性に。関係は実体性（実体と属性）、因果性、相互性。様相は可能性、存在性、必然性。まさにこの表は完全な枚挙の一例である。稀有のものであろう。カントは、なぜこれら三項目なのかは説明していない。おわかりのように、第三の項目は二項目の結合である。たとえば、数多性の単一性は総体性である。性質についてはあまり明確ではない。その場合には実在性と否定性との結合によって制限性を説明しなければならない。それはあたかも、最初、しかじかの対象は〈青〉であり、他のしかじかの対象は〈非・青〉であると言って、そこから、ある対象が青くない、というようなものである。つまり若干強い意味で、その対象が青くない、というのと同じである。なぜなら、この第三の場合では、少なくとも対象が色をもっていることを主張しているからである。おわかりのように、ここには微妙な問題がある。でもぼくが、『批判』のなかでもっとも難解な部分とみなされる性質の議論を闡《せん》明するようなことはないだろうと思う。そのことを説明する時が来なかったのだ。なぜなら、カテゴリーによって、われわれは証明された原理に導かれるから。そしてこの時ぼくは、分析にすべての必然的な深みをあたえる。それはまったく新しいものである、超越論的証明を讃えるためだ。関係のなかでは、原因性を対象の存続性と結びつけることによって、人は、同時に存在するものと考えられた諸対象間の関係である、相互的関係に導かれる。たとえば、地球と月。それらの関係は、ひとつの相互的原因性であり、引力はそのかなり明白な例であろう。最後に、様相においては、存在性と結ばれた可能性が必然性をあたえることは、十分明らかなことだ。

これが、したがって、あの壮大な表である。とりわけ関心があるのは、関係と様相のカテゴリーによってあらかじめ指示された「諸原理」である。この最後の原理（可能性、存在性、必然性）の仮象性は、関係の原理（実体性、原因性、相互性）の仮象性ほど目立たない。だからぼくは、諸判断の分類に進んでよいと思う。こうしてぼくはまさに、主要な難点に至った。それは実体原理、原因性原理、実在的存在のあいだの法則性あるいは相互連関の原理を内容としている。

実体の原理。ここでカントの分析は、共通感覚の逆説を内容としている。すなわち、変化のなかでは、変わったものは同じものとしてとどまる。さもなければ、人は変化とは言えないだろう。それはむしろ、関連なき状態が相次いで生じたと言うだろう。反対に、寒いものが暖かくなるのは同じものがあるのだ。それは変化の主体である。主体という語は、実体を意味する。したがって、われわれはほとんど公理となったひとつの原理の前にいるのだ。このことは結局、ことばを理解することである。ある物が変わった。したがってそれは、同じものとしてとどまった。これは科学者や哲学者たちが、あらゆる変化のうちにはある何かが存続している、と言って表現していることである。一例がエネルギー保存の法則によってあたえられている。すなわちエネルギーとは、変化のなかでいつもあるはずのものである。超越論哲学の観点からは、ここにはまったく問題がない。変化は感じる印象のなかに生じるが、印象は変わらぬ実在的対象をあらわしている。すでに説明したように、われわれの印象は変わるが、世界は存続する。実体ということばが言い表しているのはこれである。たとえば、ぼくは水の凍結を論じる。凍結していても、いなくても、それはつねに同じ水であるのは明白である。古代人のやり方を思い出すようなもう一つの例。ある哲学者が、煙の重さはいくらか、と問うた。人は彼に、燃えたものと灰の重さを測ればいい、と答えた。しかしだれひとりとして、燃焼過程で何かが失われているとは考えなかった。残っているものを見いだすことが問題なのだ。だから普通の人は、そこに見いだされねばならない、と断固として言い張るだろう。それは結局、諸原理のなかの原理である、自己の統一を確証することになる。ここでも「精神」が永続的なものとして、永遠なものとして、あかしされる。これがヌーメノン〔本体〕である。特異な名ではあるが、きわめて正確な名である。

この原理は原因性を説明するだろう。実際のところ、原因性について、われわれわれは相次ぐ継起性以外に何を知るというのか。しかし、あの比類なき証明にしたがわねばならない。われわれの理解はつねに、相次ぐものとして起きる。あるいは家のように、各部分が同時であるような存在を探究する。あるいは波のまにまに浮かんでいる船の位置のように、実在的に相次ぐ状態を探究するのである。したがって、印象が同時的であるか、継起的であるかは、事物に即して印象が決定するのではない。われわれは明らかに、ある時は、継起性がリアルであると、ある時は、それが同時性を知らせると判断するのであるから、われわれは、これら二つの関係は異なるものと考えねばならない。言い換えれば、因果性は継起性の真理であり、同様に、相互性あるいは法則性はいっしょに存在する事物の真理であると言ってもよい。どうしてわれわれは大砲の閃光と発射が、われわれには相次いで知られるのに、同時であると判断するようになったのか、調べてみるがいい。またどうしてわれわれは、砲弾の位置は継起的であり、大砲の発射は砲弾の落下よりも前であると判断するのか――発射以前に落下を開くことがあるのに、である――ということも探究するがいい。どうか砲手の慣れ親しんでいるこのような逆説を強調することをおゆるしください。あるいは、われわれの耳には確かに汽笛の白雲の後から聞こえてくる機関車の汽笛の例を挙げよう。これらすべての場合において、われわれは真の継起性認識によって、仮象性をすぐに修正している。たとえば、汽笛の騒音としてわれわれに聞こえる音の速さによって――。同じことは、鉄を打つ鍛冶屋を見る場合にも言える。動作と音とのあいだにはきわめて明確な不一致がある。これは音の速さは光の速さに比べたらはるかに遅いということによって説明される。事実、われわれはほんとうに継起的なものを、また継起的な仮象を実在的に同時的なものとして認識している。だから、因果性は事物のなかにあって、先と後とを結んでいる継起的関係である。したがって、この時間的秩序は真である、すなわち逆には考えられないのである。大砲が発射される前に、砲弾が落ちることは決してない、とわれわれは考える。言い換えれば、この大砲の発射は砲弾の運動の原因である。

おわかりのように、ぼくの思惟の歩みは緩やかなものだ。でも『批判』を読むがいい。その見事な証明をよろこんでいるカントは、もっとはるかに緩やかであるのがわかるだろう。ぼくがカントを幸福だと判断するのは、読むたびにこの美しい精神の歩みがぼくに幸福をもたらしてくれるからだ。ぼくは慣れ親しんでいる例を考えたが、カントはさらに他の例を示している。それらを集めて繰り返している。カントのまさにカントたるゆえんがここにある。すなわち彼がそう言っているように、「経験の類推《アナロジー》」、すべて同じ方法による三アナロジーをあかししているのだ。これこそある若い哲学者が「超越論的歩調」と呼んだものの完全な例である。

ではここで、経験的思惟の諸要請、すなわち様相の三原理に行く。〔一〕経験の形式的条件と一致するものは可能的である。〔二〕感覚と一致するものは実在的である。〔三〕両者と一致するものは必然的である。周知のごとく、これはただ、ことばの正しい定義にすぎない。しかし、ぼくは実在について多くのことを言わねばならない。なぜなら、ここにはぼくが非常に崇敬する有名な定理があるから。「自己意識は、〔すなわち〕経験的に決定された自己意識は、自己の外にある事物の存在をあかしするのに十分である」。

ここでぼくが意識の探究をすることをおゆるしいただきたい。先の手紙のなかでこの美しい定理を引用した時、ぼくは十分と思われる証明をあたえた。けれども、ここではむだになっている。なぜなら、関係の原理、すなわち「その外では物を知覚する意識は存在しない」は、印象の背後にはつねに一つのものがあることを証明したから。われわれの意識は、したがって、実在の世界しか知覚しない。さもなければ、まったく何ひとつ知覚しないだろう、夢のなかでわれわれが考えるような曖昧な印象以外には。夢のなかで、われわれはいつも、ものを求め見いだそうとしているとはいえども。したがって、ある若い哲学者に語ったと言われていることは決してそう言えないのである。すなわち「精神が理性の原理をはたらかすことができないのが夢の性格である」。反対に、夢を見ている者はさまざまな印象を主張する存在をたえずつくり続ける。神話はすべて、そこから生まれる。人間が神々を創り出すのは至るところで存在を得たいからだ。

これがその定理と証明の内容である。この証明は正しい。なぜなら、外的存在を疑う精神は自己自身を喪失するだろうから。ほんとうを言えば、そういう精神は深い眠りに、夢さえ見ることのない眠りに陥っているのだろう。夢でさえもつねに世界なのだ。「『精神』が夢を見、世界はその夢だった」。この短い詩はラニョーのものである。その意味するところは、精神の対象が存在である、ということだ。他の人びとが真理を言うかもしれない。しかしそれは同じことを言っているにすぎない。エーテル、あるいは二つの電解質、あるいは熱素《カロリック》を発明した人は、ゼウスを造り出して自分の出会った賢い老人のことばを説明している夢想者、あるいはマルス〔軍神〕を造り出して戦闘の埃《ほこり》のなかで敵の死を説明している夢想者と、酷似している。

ぼくは、最初援用した第一の証明形式を探究したかった。おわかりのように、ぼくはこの証明を経験の形式的条件のなかに求めたのである。そこにこそ、この証明はあるのだ。しかしながら、もしぼくが、君に課したこの緻密な証明をあたえることができなかったならば、ぼくはカントについて不正確な観念をあたえている、とぼくには思われる。なぜなら、カントの精神はこれらの比類なき分析、すなわち今君がその明晰な観念をもっているような豊富な例による分析、見事な連続性を有する分析のなかに全部あるからだ。ぼくは最初この定理に触れた時、カントを研究しているあの哲学者たち、すなわちその研究は間違っているとも、正しいとも言えない哲学者たちと似ていた。このような怠惰な要約によって哲学はその力と価値を失う。ラニョーは「見かけ上明断であるものをその暗さに返すこと」(clarum per obscurius) を座右の銘としていた。ぼくは実体性、因果性、法則性を証明するように、その例を示したのである。親愛なる友よ、ぼくは君を大問題のなかに投げ込んでしまった。おゆるしを。でもそうしなければ、ぼくはカントによってなされた西洋哲学の再構築という観念をまったく示すことができない。これはソクラテス以来、見られなかったような重大なことがらなのだ。ソクラテスにならって、ぼくは自らに答えよう。君が同意している、と。ぼくは間違っているだろうか。君に人間の語った、もっとも美しいことばの一つを引用しよう。それはシャトーブリアンが『殉教者』のなかで言っていることばである。貧しい人を見たウドックスが自分の外套《マント》を彼にあたえる。この行為を見た異教徒が、彼に言った。「あれは神さまだと、思ったのですか」。ウドックスは答えた。「いや、ぼくはただ、人間だと思っただけだ」。君が『殉教者』を読むことは、まずないのではないか。だから、「超越論的分析論」を考えるに当たり、ぼくの深く敬愛する著者のことばを読んでもらえたら。

親愛なる哲学者へ、心から。ぼくが人間であること、君の忠実な同胞であることを覚え、ご寛容を。

一九四六年三月二十七日

第五の手紙　弁証論について

親愛なる友よ、書簡というのは、その豊かな意味がまだ十分知られていない文学ジャンルなのだ。ぼくはこの思索を展開するにあたり、先の手紙を読みかえした。それらは、時として少し大胆すぎるところがある。だからぼくは、あとで、何度もあらためている。けれども、修正することができなかったのは幸いだった。なぜなら、ちょうど有名な定理について明白なように、証明を早く終えることによって、思索の行き着くべきところまで行くのはいいことだから。では、なぜぼくは修正することができなかったのか。ぼくの手紙はすでに投函され、届いていたからだ。取り返しのつかなさ。ぼく自身、それに納得しなければならない。なぜなら、相手が何ひとつ答えないこのような奇妙な会話のなかでは、必然的にたえざる予料があるから。これがまた思索というものだ。文学ジャンルとまでなった書簡の例は稀有である。ぼくが知っているのは、バルザックの『二人の若妻の手記』。そこでは、はっきりと、それぞれの手紙が書き手の自然なフーガ〔熱情・血気〕にしたがって自由に繰り広げられている。そこにはたえず思想の相剋がある。会話のなかでは、相手はそんなことはすべて、聞きのがしているだろう。相手は反論によって考えを隠しただろう。たとえば、ルイズ・ド・ショリューが、自分は嫉妬したのでルネの家を出たのだと告げる時、彼女はすべてを告白する時間がある。それによって彼女はついに心を慰めることができる。なぜか。それは、彼女はひとりで書いていたからだ。彼女は考えて自分自身を知っている。そんなことは会話のなかでは決して起きないだろう。ぼくもまた、これらの手紙を書きながら、カタストロフィーの到来を知っていた。そこから特異な悲劇。

同様に、ぼくの手紙は真摯なもの、生き生きとしたものを、要するに、単なる論文のなかにはありえないような思惟の歩みをもっていると思う。たとえば、ぼくは、魂の存在と神の存在の証明が不可能であることをずっと以前から知りながら、これらの証明を説明するだろう。なぜなら、ぼくは「分析論」を詳しく研究したから。その時、直観、すなわち感覚と経験のないところでは概念が使用されないことを理解した。こうして、概念による存在の証明はすべて、詭《き》弁であるのがわかる。これはぼくが自分の思想として保持していた、ぼく自身を照らしている一つの結論である。この帰結は『批判』を読むたびに避けることができない。でも、そのことは性急に定式化しないほうがよい。なぜなら、『批判』の歩みは驚くほど緩やかなものだから。それによって『批判』は、尊敬すべき論拠にふさわしい敬意をささげる時を有する。手紙は、したがって、書き手にとっても、また読み手にとっても思索に固有な文学ジャンルである。このような新しい時間の様態を考えることができるだろう。すなわち、それは次のような内容のものである。思考の未来がすでに存在し、今はたらいている。しかも書き手の思想のある過去の状態を表象しながら、かつ読み手の思考を引き延ばしている。そこには見事に、真の思想がはたらいている。聴くことができ、語らぬ思想が。親愛なる友よ、このような文学的気晴らしにご寛容を。なぜなら、われわれの仕事は厳しいものだから。そんなことに耽ることも必要である。溺れてはならないが。

「弁証論」のなかで、とくに注意しなければならないことは、カテゴリー表によって、あらかじめ、「純粋理性」のすべての論拠を分類することができることだ。それがなければ、第一の論拠、すなわち「合理的心理学」が立脚している、おそらくもっとも重要な論拠を忘れる危険があろう。なぜなら、「われ思う」という意識の統一は形而上学的対象のなかで第一のものであるから。それは他のすべての対象に先立つ。それはさまざまな単純な意識においてさえも、神に先立っている。神を信じるまえに、自己を信じなければならない。このような実践秩序の関係は、結局、「合理的神学」の唯一の基礎であろう。

まず、この古代の論拠を調べよう。部分に分けることのできない魂の単純性から出発して、魂が不死であることを発見する論拠である。なぜなら、死は諸部分に分かれることであるから。ところで、どうしてわれわれは、「われ思う」が単純な形式であるという理由以外で、魂は部分に分けることができないと言えるのか。真の論拠は、したがって、この形式がある単純な存在を啓示していることを証明することにあろう。この証明はすべて、存在論的イデーのように絶対的な意味でイデーを内容としている。これは結局、魂が、われわれがアプリオリに享受している完全性自身によって存在していることを、証明することになる。しかしながら、カテゴリーによってわれわれは、この論拠の四つの形式を統覚する。この分析のなかにはたいへん微妙な問題があらわれている。すべての「弁証論」の対象があらわれている。それは形而上学のことだ。対象の形而上学は滅び行くものだと、あらかじめ言うことができる。どんな対象も経験なしには存在しているとは言えないからだ。逆に、この魂の探究のなかには、対象としてではなく、主体として、精神の形而上学とも呼ぶべきものがあらわれている。これはわれわれの探究によってなくなるどころか、反対に、生まれるだろう。そしてまたカント哲学に依ったと思われるあの哲学的再構築をより明確に告知するだろう。古代の形而上学に対するカントの手厳しい「批判」によって、フィヒテ、シェリング、ヘーゲルとともに、ほとんどプラトンがその思想をあたえていたような形而上学が輩出したことは、ちょっとした逆説とは言えぬ。

こうして、前もって、第一歩から、カントによる独断論の有名な批判は、積極的な対象に出会うのである。ここで対象とは、そう言ってよければ、これらの手紙のなかでぼくが指示したことである。同時に、ぼくはそれを、精神の名のもとに見いだしている。なぜなら、よく考えてみると、有名な詭弁――対象を求める、精神の不断の運動である存在論的証明によって、イデーから存在へ行こうとする詭弁――の呈示の後、われわれに残されたのは虚無ではないから。いな、断固虚無ではない。そういってよければ、「『思想』のなかに、現象とのかかわりのうちに」全真理を探究する哲学の充満である。称讃されるだけの価値のあるジュール・ラシュリエの思想を引用するならば。それは、この哲学者はあまり知られていないが、重要であり、彼は精神自身のなかに帰納の基礎を探究したからである。繰り返すけれども、「超越論的分析論」は独断論の基礎である。この関係がぼくには今よくわかるので、ぼくはそれを今、自分に説明してみようと決めた。なぜなら、「弁証論」にたいする反論のディテール〔細部〕は、よく知られているから。重要なことは、この研究の意味と、それが含んでいる哲学的改革を明示することである。人がこの新しい形而上学、すなわち存在としてではなく形式としての魂の探究を発見するのは「合理的心理学」のなかである。われわれは主観的印象を通じて考えることはできない。思惟の営みは厳しいものであって、観察行為のようなものではまったくない。ラニョーが言っているように、この反省的分析は、「絶対思惟」をすべての思考のなかに見いだすこと、そうしてスピノザがやっているように、神を人間のなかに見いだすことを内容としている。たしかに、それは一つの存在を発見することではない。ラニョーの偉大な思想を繰り返さねばならない。彼が神の存在について有名な講義のなかで言ったものである。すなわち神は存在しているとは言い切れない。なぜなら、存在するとは、他のさまざまなものに依存することであるから。結局それは、神は一つの物ではないということになる。精神は一つの物ではないということである。この奥義の説明が「分析論」のなかにある。

そこでわかるのは、精神が存続していること、しかしながら決して顕現しないことである。これがヌーメノンという、ほとんど把握しがたい存在であり、新しい独断論の基礎である。

「われ思う」が弁証論的幻想《イリュージョン》を生み出すことは、おそらくすぐに統覚するだろう。なぜなら、われわれは自分自身の死を決して考えないだろうから。なぜなら、われわれは自分をつねに同じものとして見いだすだろうから。この意味では、われわれはスピノザが言ったように、自分を永遠な者と感じている。永遠な者であっても、不死なる者ではない。これが問題である。スピノザの記述がつねに、存在者のはかなさ、外部のものの強さ、生命の短い持続に帰着していることを思い出すがいい。彼はわれわれに、われわれは死すべき存在であると、繰り返し言っている。以上すべての結論は、存在はそれ自体において短い、はかないものだ、ということである。この思想にしたがって、君がおそらくは期待したあの不死性を判断するがいい。死後存在することは、小さな恵みにすぎないだろう。すべてのことがこの世と同じように、再び始まるだろう。存在を失うことは重大なことではない。このような瞑想はわれわれのリアルな永遠性をよりいっそう際立たせるにすぎない。したがって、これが「合理的心理学」批判の結論である。思想を有する限り、人は存在について判断をくだしている。ストア主義者がきわめて簡単に棄てた存在を、である。そして、カントは死んだ。ラニョーもまた死んだ。たしかに人は死ぬことができる。しかしながら、魂は死なないというのは、ある意味において、本当なのだ。

アンチノミー〔二律背反〕に移ろう。これは「弁証論」のなかでもっともうまく構築された部分である。アンチノミーはわれわれがすでに統覚した観念を内容としている。すなわち厳密な推論によってさえも、われわれは決して対象をつくり出すことはできない。ここでは、対象とは世界である。第一原因に関する厳密な推論は次の通りである。第一原因を疑わねばならないのは、第一原因を証明できないからではない。反対に、それは唯一の観念によって絶対的に証明されるからだ。それゆえに、第一原因は存在しないと説得されたのだ。こういう推論である。今、一つの存在している物が存在性を有したのは、ある第二の原因によってである。そしてこの第二の原因はもう一つの原因によって。こうしてわれわれは後退的系列をさかのぼる。そこから、一つの項目は、何であれ、つねに原因であると同時に、結果であるのがわかる。したがって、第二原因しか存在しないのである。こうしてアンチテーゼが結論される。しかし、テーゼはもっとも強いものである。なぜなら、いま現存する物が存在するのだから、それはすべての条件が存在したからだ、ということをよく考えるがいい。すべての条件が、である。そして系列は無限であるから、これらの条件が存在していたということは不可能である。いかなる無限もあたえられない。したがって、ともかく、ぼくは系列内か、あるいはその外で、原因を持たない原因を考えねばならない。これは第一原因と呼ぶことのできる、自分自身によって何かを始めることのできるものである。ぼくはそれを、そういってよければ、創造するもの、否、自由な原因と呼ぶだろう。なぜなら、その物が存在するから。それは無限の諸条件が実在しなくても存在する。無限というのは十分でないもののことだ。この美しい推論は大きさについても適用される。無限の空間は存在しない。数のなかで最大の数である数は存在しない。時間のなかで全部であるような時間も存在しない。また、自分自身のうちで必然的な、かつ自分自身に対して十分な存在というのもない。すべてのものがある条件のもとで必然的である。言い換えるならば、偶然的である。こうしてアンチテーゼが帰結される。しかしそれは最後のことばを持たない。不思議なこと。同じ推論が必然的原因と自由な原因をあかししている。すべての形而上学の内部は、精神主義的であろうと、唯物論的であろうと、明らかに開顕されたことはない。結論はまたもや、存在を証明することはできない、ただそれを確認するだけということである。今ぼくが論じたことをすべて集約するようなことばで言い換えるならば、存在は完全性ではない、否、属性でさえない。したがって、有名な存在論的証明の運命はすでに決まっている。

このたいへん有名な証明は、完全な存在は定義上、実存在を所有しているという観念から――なぜなら、存在の欠如は明らかに不完全であるから――そのすべての力を引き出しているのだろう。ライプニッツはこの論拠に完全な形式をあたえた。彼は、完全な存在は定義上、可能的であり、そのことはこの存在が必然的に存在するために十分である、と言ったのだ。そこでわれわれは、観念だけから実存在を結論しようとすることは何なのかがよくわかる。つまり、それは不可能なことなのだ。実存在は一つの完全性ではない。現実の一〇〇ターレル（銀貨）のなかにはただ可能な一〇〇ターレルのなか以上の完全性があるわけではない。商人は金貨を並べることによってより金持ちとなるわけではない、自分の引き出しにしまわない限り。同様に、精神は考え方を変えることによってより豊かになるわけではない。精神は自分自身に戻る。精神は推論によって外部の存在を把握するのではなく、ただ知覚によって、である。われわれは宗教をやっているのではない。いや、とんでもない。正反対である。〈存在〉と〈大きさ〉について判断を下したというのは、宗教にとって小さなことではない。推論によって〈存在〉をあかしすることが不可能であるとしても、〈非・存在〉を証明することもまた不可能であることを、すでに統覚しているから。こうして有名な詭弁術は終わっている。カントの反駁法はすべて、証明のもとに、たとえば、世界の美しさによる神の〔存在〕証明のもとに、つねに存在論的証明、すなわちそこに隠された、そこからすべての力を得ているような証明を見させることにある。結論として、すべてのことが実践のうえに基礎づけられた〈宗教〉のために動いている。だから義務と道徳は『批判』のなかで当然、課されることを指摘しなければならない。なぜなら、自分が精神であると知ること、言い換えれば内部の精神に従うことは、小さなことではないから。反対に、生きることの煩わしさは、自分が精神であると知る〈一つの精神〉の前では、言い換えれば、世界に行動の動機を求めるのではなく、精神に、否、そう言ってよければ、本質としての人間、すなわちすべての人間を自分の同胞とするものにつねに求める〈精神〉の前では、何でもないのは言うまでもない。こうしてカントの道徳が、今明白となったも同然である。

親愛なる友よ、おわかりのように、ゆっくり歩こうと注意しながら、ぼくは今、大きな歩調で歩いている。もしぼくが間違っていないならば、われわれのすべての思想はカント哲学のうちにある。ぼくが君にたどってほしかったのはこの思索なのだ。君に反論があるとしても、ぼくはそれを知らない。書簡という文学ジャンルのおかげで。君の友は、無慈悲なのだ。この地上の奇蹟を別の人に負っているかのように。〈人間〉である君に、〈人間〉として。

一九四六年三月三十日

第六の手紙　「理性」の方法論について

カントは言う。『批判』をすべて行った後、まだ「純粋理性」を用いる方法の助言が場所を占めていることに、人は驚愕するだろう、と。現実において、理性は自身に規則をあたえねばならない。その学問的な使用法についてではない。ここでは理性は、それを必要としない。なぜか。理性の歩みには必ず対象が必要であるから、理性は経験によって直されるからだ。ここでは誤りは恐れる必要がない。反対に、理性が自分自身にしかかかわっていない時、すなわち概念だけを考える限り、理性は自身が発見した諸々の幻想にとらわれやすい。

まず、数学と形而上学との相違を考え直す必要がある。形而上学は概念によって一意的に、なされる。数学は概念の構築によってなされる。しかし、どれだけ多くのすぐれた人びとが――たとえば、ライプニッツ――この仮象によって誤っただろうか！　概念によってある認識に到達した数学は、形而上学に確かな成功を約束するように見える仮象によって。したがって、理性の自己規律については多くのことを言わねばならない。こうして、カントが理性の格率と呼んだものが示される。これはたしかに規則ではないが。むしろ、それは思想の道徳的法則とでも言ったらいいだろう。「純粋理性」道徳があるのがわかる。すなわち理性が自然的安易さに堕することがないように警戒することだ。たとえば、論争において、理性は絶対的対象領域に、たとえば、唯物論が誤った形而上学として立てられているような領域に、決して踏み込んではならない。そこからこの規則が出てくる。つまり理性の使用は防禦だけに限らねばならない。絶対、攻撃に使用しないように注意する必要がある。なぜなら、物質のような概念のみによって考えられた幻想的対象が、存在しないことを証明することは不可能であるから。またそれが存在することを概念によって証明することも不可能であるから。したがって、弁証論のなかでなされている有名なイデアリスムに対する反論は、ただ、概念によるわれわれの外にある事物の存在証明を拒否することを内容としている。したがって、証明の帰結としてではなく、この存在を措定するためには自己意識だけで十分である。なぜなら、この証明はすべての証明がもっている危険にさらされ、そして、独断論的イデアリスムよりももっと理性的でない懐疑主義的イデアリスムとなるだろうから。したがって、ここでは他のすべての箇所と同様、理性は独断論の支配と対立し、その論拠を打破することによってのみ独断論に反駁する必要がある。その問題は永遠の魂を、神を、来世を、存在するものとして判断できるかどうかにかかわっている。

道徳はここで、当然のように、純粋な状態であらわれている。なぜなら、理性の問題意識はもはや自分自身についてのみであるから。道徳は取るに足らぬ存在よりもすぐれたものと考えられた理性の規則以外の何ものでもない。事実、宗教において頻繁に見られるように、存在を神格化し、そうして理性の義務を確立しようとすることは無分別なことだろう。それは自分自身に対する敬意を欠くものであり、また義務の単なる形式的実在性にたいする敬意を欠くものだろう。『批判』のこれらの章において確認されるのは、カントの道徳はすでに、すべての独断論の注意深い否定のうえに基礎づけられていることだ。すごいこと。このように信念、学問、信仰の諸概念が解明されている。また思考の思考に対する禁欲主義のようなものが。これらの観念はまずもって理解されない。それらは「超越論的方法論」のなかで捉えねばならないからだ。

なぜ、仮説の選択のなかで、統一を優先させねばならないのか。アリストテレスが言ったように、諸存在を多化してはならないのか。経験からそれを言っているのでないことはたしかだ。経験は上記について、われわれに何も教えないから。正しく考えることが問題だ。すなわち無私の心で、正しく考えることが問題だ。正しい仮説、たとえばデカルトの原子論は他の仮説以上に真であるという言い方は正しい表現ではない。より真である、というのではなく、より精神にふさわしいのである。

これらが純粋思惟の道徳的規則である。たしかに道徳的規則によって、単純なもの、永遠なもの、唯一の神の優位性が言えるのだ。こうして実践においては、完全性による存在の見事な証明があろう。これがあの有名な存在論的証明の本質であったのである。この証明がロゴス的には無価値であること、しかしまた、もし最初に義務を信じない限り、神を信じないということはやはり確かだ。このことに注意しなかったら、人は観想宗教、すなわち一種の哲学的静寂主義《キエティスム》しか持たないだろう。ここでカントがある種の敬神には明確に反対していることがわかる。彼によって新たな論争が生まれた。彼は新しい朝の祈りを生み出した。幸福を求める前に、幸福にふさわしいことを求める祈りである。要するに、永遠な者、すなわち真の神、親密なる神にしたがって不死なるものとなる希望を、彼は生み出した。

したがって、道徳、すなわち命令する神をあかしすることが第一の義務である、というのは、断じて否である。主人に従うことはあまりに易しいという意味でそれはいつも魂を持たないことになる。この秩序は正しくないものだ。なぜなら、大《おお》いなる懐疑から魂が生まれているから。ラニョーが言ったように、選ばねばならない。ラニョーはそこから、存在は道徳的秩序の選択である、と言わんとした。親愛なる友よ、ぼくが恩師ラニョーの禁欲主義を示していることをとをゆるされよ。ぼくはラニョーに何遍もつまずいた。問題は冥府《よみ》を恐れることではない、と彼は言っているようだ。それを選んだ方がいいだろう。厳正なルシフェル〔サタンの異名〕の復権を察知しなければならない。なぜなら、それを言うことはできないから。そこには哲学の奥義がある。この問題については、エピクロスの偉大なことばを思い出して終わることにする。最大の不敬虔は神を信じないことではなく、むしろ、神を正しく語らないことである。君にとって、このような偽善の欠如が、ぼくと同じように楽しいものであるかどうか知らない。親愛なる哲学者よ、君は今ローマにおられる。それは世界中のなかで哲学するのがもっとも困難な場所である。これらの論争はもはや今の時代のものではない。ぼくはジョルジュ・サンドやその社会主義の友人たちの時代に生きられたらよかっただろう。世俗的な慈愛がまだ陳腐な話題でなかった時代に。ぼくが自分の恩師〔ラニョー〕を今なお、正しかったと思っているとしても驚かないでいただきたい。彼は、すでに指摘したように、社会主義をあまり評価してはいなかった。社会主義、すなわちあまりに容易な完全性、かつ自己に対する敬意よりもむしろ自己讃美――。この点については、ぼくの考えでは、社会主義は今の時代に大いに進んだ。今の時代においては、そのような思想、すなわちぼくがここで述べている思想は、最後には偽の思想が貶められて、評価されるだろう。「批判」に照らして確実に言えるのは、党派としての社会主義は概念から存在へ向かおうとする原初的誤謬に依存していることだ。厳格なカントに従って、ぼくが党派性哲学に陥ったと、いったいだれが言おうか。友よ、カントはまた彼の時代に属していたはずである。そしてカントが今の時代に属し、かつすべての時代に属していることを知らねばならない。プラトンが、残念なことに、社会主義の理論家とみなされているように。公の精神を立て直すべきだと考えるのは正しい。だが、とりわけ、それにへつらわないこと。これが難しい点である。ラニョーはこの境界線上にいた。そしていくつかの過ちを恐れていた。ポール・デジャルダンとの論争によく見られる通りである。デジャルダンが、組合を好きになりはじめ、同時に、教皇にも面会しようとしていた時だ。君に途方もなくラディカルな人間の打ち明け話をしながら、ぼくはラニョーの恐ろしい顔や透徹した眼差しを思い出している。彼は魂の奥底までも見抜いていたのだ。ぼくの信仰についてはここで、この目的の支配というヴィジョンで終えたい。ぼくはそれぞれのものが自身の理性の規律——ぼくはそれを「純粋理性の謙遜」と呼んでいる——を発見するのがよいと思っている。これで今は、十分である。ぼくが自然と到達した道徳と取り組むのは次の手紙にゆだねる。このようなジャンセニスム——これはたしかに小説のようなものではない——に対して、ご寛容と、ご理解をいただけたならば、と思う。また、近代哲学史のなかでラニョーについて書くように。君にはそれができるのだから。想いをこめて。

一九四六年四月二日

第七の手紙　道徳について

カントの道徳的著作は微妙な問題がいっぱいある。カントが、二つの『批判』の対称性を維持しようとしたことは明らかだ。また、細部は読み手の理解圏内にあるけれども、しかし、精神については同様ではない。カントの道徳的精神はきわめて微妙であり、それがわかったら、すべてのことが自ずと然りである。われわれは『純粋理性批判』によって、そこにまったく自然と到達したのであるから、それを直接示すことができる。

道徳は、自分が精神であることを、知ることを内容としている。その意味で、絶対的に義務を負っている。なぜなら、高貴さは命ずるものだから。道徳のなかには威厳の感情以外、何もない。すべてのことは、ぼくが自分自身に対して、また、「絶対精神」に対して、そして、そのなかにぼくが同じ精神をみとめる同胞たちに対して、もっている敬意から生まれる。また、道徳性とはまさに、われわれが先の手紙のなかでやったように、存在に対して判断をくだすことを内容としている。さらに、存在は重要なものではなく、命令してはならないと判断することを、内容としている。反道徳性は存在への服従以外の何ものでもない。われわれの持続が依存している価値のない諸事物、諸々の状況、すなわち通常われわれの運命と呼ばれているものへの服従。運命というのは、自分が精神であることを知っている「人間」にとって、まったく別のものである。それは、人の言うとおり、神の意志に伺うことだ。われわれ自身の存在以外の何ものでもない神の意志に。心の欲するまま為すことが善なのだ、ただ、意志の意味を知っているならば。だからすべての徳は、この緊張にある。長い間道徳の主張者としてよく知られたストア派が言ったように、この小さき暴君たちへの抵抗のなかに。カントはここでもまた、人間の人格という観念を発見しているだけだ。すなわちしばしば、自己自身のうちに深く隠れた意志、そして誤りなき習俗の制定者である人格。道徳的法則は人格という深い意志によって定められた法則である。それは事物にはまったくかかわらない。ただ人格だけにかかわっている。それは三つの公理あるいは格率のよく説明するところである。すなわち汝の行動の格率は、汝によって普遍的規則に仕立てあげられているように、つねに行動せよ。汝自身においても、他者においても、人間の人格を決して手段としてではなく、目的としてつねに考えよ。汝の行動の法則は「目的の支配」、すなわち「精神」にふさわしい人間の社会における法則とするように。これを適用できないような例はない。カントの例は人の心をきわめて強く打つ。何びともこの誠実な人間のドラマを忘れることができない。彼は暴君が排除せんとする人間に対して不正な証言をするのを拒否する。また彼は、こうしてその幸福を、否、自身の生命をも危険にさらしていることを知っている。たしかにだれもそのような人の身になりたいとは思わない。しかしながら、そのような状況に突然投げ込まれる感情は深刻である。われわれは、自分自身もまた、暴君に抵抗することができると感じる。われわれはこの運命に呻いているのである。人々が最大の不幸と呼んでいるものを、そして実際最大の不幸をどうしても欲するはめに陥っている運命に。だれもがこのような偉大な証拠をもたらすことはできない。殉教者、あるいは証人たちの試練は、幸いにして稀有なのだ。道徳性はこれらの恐るべき試練の省察を内容としている。そして、それらに耐え尽くす決意を内容としている。誠実な人びとの社会は、そのような感情がすべての人びとのなかに見られることを内容としている。これはおそらく、この苦難を避けている人にもできる術《すべ》である。

時々暴君からまぬがれて、自由と徳の支配を確立しようとする意志は、年齢《とし》の人にふさわしい。若い人にあっては、われわれに悪魔のなかで表象しているのは地獄に堕ちようとする意志だろう。この考え方は通俗的で、ごく自然なものだ。なぜなら、人は自分の人間性を棄てることができないならば、自由となれないだろうから。この悪魔の誘惑は価値がないわけではない。人はそれに時々、出会う。それをゆるすのが義務そのものである。これは見事に命名された「精神のひらめき」のなかにあらわれていることだ。

したがって、これが道徳的世界である。そのようにこの世界は迷いを通して、時に悲劇的事件を通してあらわれている。その世界のなかに兄弟と同胞たちだけしか見ないというのが義務である。それが友愛である。

自由は、周知のごとく、たとえ尊重されたくないと思っても、それでもまだ尊重されるほど価値のあるものである。道徳規則のこの第一の要請を強調しなければならない。自由は「合理的宇宙論」のアンチテーゼの一つのなかで、御しがたい、それでいて命令する不思議な存在としてあらわれた。なぜなら、おわかりのように、自由を絶対的に否定するきわめて強靱なアンチテーゼは、与えられた意味領域にとどまりえないから。何らかの存在の諸条件が十分であるためには、原因を持たないある原因、絶対的な意味で何かを創始する原因を考えねばならない。ある自由な、原初的原因が、どこかに存在すると考えねばならない。ところで、この必然性はまた、われわれに不安をあたえるだけである。曖昧な期待をあたえるだけである。もしどこにも自由がないならば、道徳性もまた、どこにもないことを知るのは、道徳を考える時であり、その時だけである。なぜなら、すべて徳は、「仮定」のまったくない暴君のような定言的命令を想定しているから。絶対命令なのだ！　それはまったく別のものなのだ。ぼくは今、自分には出来ると思えなかったある威厳に圧倒されている。しかしながら、それが絶対命令なのだ。託された秘密を打ち明けないようにしなければならない。不正に獲得した善を返さねばならない。バルザックは二度、『禁治産』と『フィルミアーニ夫人』のなかで、この良心の問題を言い表した。それは日常的であり、人生のさまざまな可能性のなかにあることをあかししている。絶対命令！　絶対命令！　この繰り返しは誠実な人間の意識のなかで鳴り響いている。彼はそれほど傲慢ではなく、反対に、より寛大であり、悲劇的事件のなかで友情を保っている。これは凡庸な者にとって慰めである。この社会を理解するようにならなければならない。いつもまったく取るに足らない、そして時としてその結果に脅かされている社会を。ぼくはそこで、ラニョーのことを思っている。彼は世俗の慈愛から引き出されたすべての帰結を断固として受け容れたのだ。また、ジュール・ラシェリエのことを思っている。彼は自己自身においてまったく普遍者であり、朝のミサにおいてまったく静謐であった。彼は人間存在を怖いとは思わなかった。その影のように人間につきまとう不正の共謀にも恐怖を感じなかった。すべてのことが人間にあっては不完全なのだ。ぼくは、われわれはすべてこの世では異教徒だ、煉獄はここにある、と言ったアウグスティヌスだけを見ている。そこで重大な仕事は、できるだけ早く楽園《パラダイス》に行くことである。だから人はここにとどまろうとしない。人は死を恐れる以上に死を望んでいる。これが本来的意味での宗教である。しかしながら、敬虔はわれわれに与えられたポスト〔身分〕にとどまるように勧める。敬虔はまた、このポストをできるだけ良い、愉しいものと判断するように勧める。楽観主義《オプティミスム》は神を信じることだという意味で、義務に属している。悲観主義は、約束されたこの自由を行使することをやめない悪魔の精神である。これはひとつの公的な意見である。すなわち偉大な司祭たちの意見である。彼らは他者の情念について多くの告白をし、それを大いに和らげたという意味である。そこから、人類の救いは神にとってさえも難しいということが結論される。しかし、人びとの重大関心事は、救われるかどうかを知ることではなく、神が勝利するかどうか、この世がまだ何世紀も存続するかどうかを知ることだ。ボシュエは、偉大な国王には臣民を救済する責任があることを説明しながら、そのように問題を措定した。

われわれよりもまえに亡くなったあの多くの人びとは、もし彼らが救われると言われなかったならば、反抗するだろう。トルクマダは、噂によれば、モリスコから救われるために壮絶に死ぬ機会を奪うことができるとは思わなかった。この微妙な問題は狂信者と無関係ではない。要するに、すべての人間はたしかに不完全であると言える。この判断は道徳的意識にとって本質的なものだ。すべての人間は死を恐れる。取るに足らぬメリットにけりをつけるように。だからすべての宗教は、人間を裁くのは人間自身である、と言っている。

道徳規則の第三の要請、すなわち神の存在は神自身からあらわれている。それは神を現出させている人間たちの悔悟である。不死性については、明らかに人間がそれを、まるで自由を欲するごとく欲しているはずである。神を信じること、そして不死性を信じることは義務である。為したいことを為そうとする勇気を持つのは義務であるから。死を欲しない老人たちのなかには美しいものがある。彼らは同胞たちに勇気を与える任務を受け容れている。したがって、葬式には何らかの価値があるのだ。そこで参列者は自分自身もまた、この厳正な死者によって、裁かれているのを感じている。ぼくが論じているのはこの思想の水脈《みお》である。なぜなら、道徳はそれに対する応答であるから。宗教は反抗者の類いしか問題にしていないのだ。おわかりのように、服従は礼儀の完全な用い方に属していて、礼儀の完全な用い方はまた、死に方と同じものである。左翼の人たちの意見のなかには礼儀の完全な用い方がほとんどない。彼らの意見のなかに少しほんとうの礼儀を入れねばならない。そうすれば、共和国は完全なのだ。官僚たちは同胞たちの救いを嘲笑している。つまり窮極において、彼らは同胞など持っていないのだ。人間嫌いは深い意味において不敬虔である。アルセストは何ひとつ赦さない。この点では、愛は二人に幸福を与えようとする時、たしかに美しい。十分信じることは、十分愛することと同じ意味である。そして赦すということもまた、同じことである。アルセストはセリメーヌに対して正しくない。彼は彼女〔セリメーヌ〕が完璧であってほしいと思っている。何というばかげた企てだろうか！　そのことは愛の楽しみの想像だけでも十分あかしされている。この性的愛は、他の何ものにもまして、真の慈愛に近い。なぜなら、あえて言えば、それは生を《全身で》抱きしめることだから。

親愛なる友よ、君は言うだろう。カントはそのような問題をまったく論じなかった、と。でもぼくは、カントはきっとそのように考えたと言おう。彼の思想がこれらの問題をすべて解決することはまったく疑いがない。またスピノザ自身、宿屋の主人たちから就業時間の意味を再発見し、これらの平凡な人びとがそのような方法によって救われることに、おそらく心の底では驚嘆していた、と言われている。彼は美しき世界に付与された想像力によって言わんとしたのだ！　すべてのものが救われねばならない。世界もまた。美は、おわかりのように、世界を、社会を、神々を崩壊から救う仲保者である。今ぼくの眼には、『第三批判』がそのように映るので、ここでぼくは、この手紙を終えねばならない。これは手紙というよりも説教であるから。ぼくはカントのなかで、「人間」の問題を明確にしたかった。そして〈まあまあ〉そこに到達したと思う。この言葉は、非力な者にとって「合格」を意味する言葉だ。そう思いませんか。でもぼくには、君がどう考えているかわからない。それを考えてみなければならない。ぼくにはそれができる。なぜなら、ぼくは君の友人であるから。

一九四六年四月四日

第八の手紙　判断力について

われわれは今、人間精神を詳しく記述している。凡庸な精神にはその仕事は終わったように見えるだろう。けれどもカントは凡庸な精神ではない。われわれは彼とともに、まったく新しい至難な研究領域に入るだろう。なぜなら、すでに指摘したように、カントは「ヌーメノン」の前にいるから。これは対象として考えうるものではまったくない。主体としてしか考えることができないのだ。今、言わねばならないことはそれである。

われわれ自身の思考は、大きな、かつ重大な結果によってしかわれわれに知られない。概念、原理、すべて学知は、われわれには絶対的統一をなしているように見える。だが、この統一というのは形式的なものにすぎない、すなわち決してあらわれない。この統一は一つのものではありえない。それは魂そのものである。判断力である。それは決して把捉しえない、到るところにそのしるしがある自由の存在である。世界が始めから総合的統一としてあらわれるというだけでは、まだ十分ではない。それはおそらく幻想《イリュージョン》にすぎない。おそらく主観的〔な見方〕にすぎない。世界を主観的に考えることは不条理である。では、いったい世界とは何か。はたして、この問いが問われることはなかった。なぜ世界が在《あ》るのか。なぜなら、精神はそれ自身によって在るのだから。世界は精神に応えているのか。精神に、少なくとも毀損したイマージュを示しているのか。世界は表象としてしか知られない、とよく言われる。はたして世界は表象にすぎないのか。われわれが知覚するためには直観が必要であるように、同様にわれわれが判断するためには感情が必要である。しるしとは何か。世界はわれわれにとってしるしなのか。

たしかに、世界はわれわれのうちに激しい感情を覚醒させる。それはどんな場合か。とくにオルガニスムが問題の時。そのときオルガニスムのなかには永遠性が在《あ》る。なぜなら、ここでは明らかに、諸部分は全体に依存しているから。

それが諸部分は互いに目的であり手段であると言って説明されていることである。このように至難な探究において、学問からまったく排除された合目的性観念があらわれる。この観念は排除されたけれども、そのことによってわれわれはそれを、これらの顕著な場合において純粋状態で見いだす。そこでは真理を知る代わりに、われわれは美を存在のしるしと判断している。すなわち要するに、外部の精神のしるしである。そのとき精神は世界となる。なぜなら、精神は世界を表象として主張するのみならず、精神が世界であるから。『判断力批判』の始めにある感性論的判断力批判については、この研究の最後に取っておく。真の主題、すなわち目的論的判断力批判は難解かつ重要な部分である。これこそぼくがもっとも強調したい部分である。なぜなら、『批判』の細部《ディテール》とともに、カントは美と崇高さについてのすばらしい画期的発見を呈示しているように、ぼくには思われるから。それはぼくにとって報酬であり、窮極的確実性である。『第三批判』に圧倒されないようにするためには、そのような順序で探究しなければならない、とぼくは思う。この『批判』の対象はたえず拡大し、その代わりすべての学問、すべての道徳、すべての宗教を包含しているから。したがって、ほとんど神のような、また「本質の偶像《イドラ》」のようなこの「世界」の支配者となるのが賢明である。

汎神論《パンティスム》はつねに哲学を脅かしてきた。もし世界そのものが、アリストテレスの天才的ヴィジョンによれば、「永遠の生きもの」であるとしても、やはり存在論的論拠をまぬがれなければならない。存在論的論拠は完全性によって存在を証明しようとするものであり、あえて言えば、すべてのものは人間のために、すなわち、考える唯一の存在、道徳性にまで到る唯一の存在のために、存在するという主張である。なるほどそれは一つの証明であるが、しかし、これは道徳的人間にとってしか価値がない。道徳的人間は、道徳性を知っているから、万物に一つの道徳的価値を認めるのである。しばしばカントは、その思想を大きな謎のほう、人間の歴史のほうへ導いている。けれどもわれわれに進歩をもたらすあの普遍的戦いのイマージュの前でたじろぐ。このとき、進歩というのは定められていないだろうか。カントは問題を措定しながら、自己懐疑に陥らざるをえない。彼はジャコバンとして人間精神を判断しているように、つねに恒久平和の人だったから、ジャン＝ジャック・ルソーの影響を見なければならない。哲学者〔カント〕にとってルソーの影響というのは、たいへん顕著であり、カントはルソーを読み返すことによって、『批判』にとって恐れていた情動までも利用したのであった。ルソーをあまりに愛している人びとは、ぼく自身もそれに属しているが、ケーニヒスベルクの哲学者の心がここでよくわかるであろう。彼はモラリストの冷酷さのような厳しさを持ちながら、しかし、人間のなかでもっとも優しい人のような柔和さを持つ。そこで彼は、彼を笑った合目的性という大きな観念と闘わねばならないだろう。したがって、彼は哲学者のなかでもっとも詩人であり、その偉大な後裔たちと均衡している。後裔たちのなかで、ドイツ哲学では、感情の偉大さが思想の厳格さと結合するのが見られた。シェリング、ヘーゲルはそれを十分にあかししている。そこからぼくは、目的論的判断力批判の一つの誠実な観念をあたえる。解決された問題だ、と人は思った。

たしかに、哲学者〔カント〕にとっては解決された。しかし、『告白』の人間にとっては未解決である。なぜなら、観想に陥った人間が問題ではなく、反対に、人間のすべてを歴史のなかに、また思想のすべてを諸宗教のなか、寺院のなかに見いだす人間が問題であるから。これはドイツ哲学のテクストである。カントの後の、そして今なお生きている良き時代のテクストである。そこではすべての人が、正しい人間が歴史の目的であると考えている。すべての人が共通感覚を発展させている。そして共通感覚はもはや冷酷な理性ではなく、むしろ普遍的心情である。なぜなら、そう言ってもいいすぎではないから。それを発見したのが『第三批判』である。それが同胞の戦争を終結させる、と何度も何度も約束し表示された人間の宗教である（宗教はすべてそうである）。親愛なる友よ、カントはまだわれわれの前を歩いていることを知るがいい。

要するに、『判断力批判』の対象は何なのか。これもやはりまた、われわれを容易な論拠から、つまり単純な感情のなかでわれわれに魂や神を示している論拠から、引き離す。この神智学はたしかに尊敬すべきである。しかし、もしそれでよしとなると、自己自身の思考に対する敬意はなくなる。われわれが知覚することなくその実存在があかしされうるような概念――われわれの魂における主観的な概念――は一つもないのだ。だから「ヌーメノン」の感情は、どんなものでも、不死性でも神でもわれわれに知らせるために十分ではないのだ。そんなことはどうでもよい、と信者は言う。それこそが、まさに理性の偶像崇拝となった誤った宗教である。そのように対象化された概念はすべて、弱き革命家たちの欠点である。彼らは人間の進歩が一つの対象として、一つの物として、それ自身のなかで、それ自身によって存在していると主張するのである。これこそ偶像崇拝である。反対に、自己の理性に対する敬意から、人はそれぞれ、進歩はおのずとは生まれない、進歩は人間のすべての行動を要請していると判断しなければならない。したがって、問題は神のはたらきを頼ることではない。進歩が世界の一事物であったならば、そうすることができるだろうが。それは信仰を欠くことであり、重大な意味で義務を欠くことである。義務は、第一義的には信じること、すなわち確実でないということである。これは共和主義者の躍動であり、真の革命家の躍動である。精神しか期待してはならない。精神としてわれわれは、絶対的な意味においてわれわれ自身しか持っていない。したがって、すべてのことがわれわれにかかっている。平和はわれわれにかかっている。もしぼくが精神に対する義務を欠くならば、平和は失われる。おわかりのように、ここには熱狂主義がある。この同じ熱狂主義はカントの至るところにあり、権力と結びつくことを絶対に許さない。権力は事実としての一状態にすぎないのだ。そうすると、この熱狂主義は世界の善き本性と結びついた静寂主義だろう。はたして物質を信用することができるだろうか。したがって、それが『批判』の最後の帰結である。それはわれわれが、われわれ自身に対して自己理解の難解さを呈示することだ。要するに、何かをする前に、その報酬を待たないことだ。この種の省察によってのみ、哲学は宗教と同じものとなる。否、むしろ俗な宗教の代わりに真の宗教を、偽《にせ》の神々の代わりに「真の神」を置き換えることができる。そのようにわれわれの思想の浄化は、〔すなわち〕『第一批判』のなかで厳格に開始されたあの浄化はなされる。カントは義務がやさしいとも、救いがやさしいとも考えてはいない。そこにカントの秘義《ドグマ》がある。カントは精神を発見した。そしてそれを失うな、と主張している。しかし、もし革命が起こったならば、彼はすべてのことが失われると思っている。なぜなら、起こったことは物質の均衡にすぎないから。ここにはジャコバン精神の蘊奥《うんのう》が認められる。これはカントの眼には、政治的教会改革のように見える。このような自己に対する同意に逆らう精神——ぼくはそれを、わが英雄たち、すなわちラニョーのなか、ジュール・ラシュリエのなかに見いだした。しかしながら、ぼくは自己批判にまで突き進むことはできなかった。自己批判——魂自身に対する大きな懐疑と、途方もない謙遜。ラニョーは、ぼくがしばしば見た限りでは、謙遜を怒りにまで至らせた。すべてを拒絶したその大志が、ぼくにそのことを非常によく説明していた。怒りからではなく、存在論自身と同じほど明確な論拠によって、拒絶したのだ。今ぼくには、なぜラニョーの叡知が彼の眼には決して成就していないと見えたのかよくわかる。彼がこの感情を十六歳の子どもたちに伝えたということはまったく奇蹟である。これは、すでに言ったように、世界がわれわれをつくっているしるしの一つである。

親愛なる哲学者よ、この結論を呈示するのに、ぼくはたいへん努力した。けれども、もし君が『第三批判』をよく読み返すならば、ぼくはただ、カントの忍耐と謙遜を、はるか彼方から模倣したにすぎないことがわかるだろう。新しい感性論は次回の、最後の手紙のために取っておく。カントとともにこの感性論は、十九世紀のすべての文化を、さらには文学まで刷新したのである。これによって政治家たちは、驚異的力をもつ政治的対立を生み出したのである。なぜなら、すべての政治活動は、耐えがたい浅薄さを愛させることであるから。へつらいの娘であるこのような浅薄さは、ついには民衆をはずかしめるだろう。もしカントの精神が、まさにエピクテトスやマルクス゠アウレリウスに匹敵するあの辛辣さ、あの偉大さを有しなくなったならば。

ぼくは君の時間を浪費させたことを謝らねばならないだろうか。きっと否である。なぜなら、君は目醒めた精神の持ち主であるから。親愛なる友へ、心から。

一九四六年四月九日

第九の手紙　美および崇高さについて

そこから、カントは『判断力批判』を始めた。それはしかし、始めではなかった、と思われる。カントは楽しかったので、『第一批判』の方法にしたがって二観念を分析したのだ、とぼくは理解する。新たな主題のなかで諸カテゴリーの秩序にしたがうのは何という楽しみだろう！　ぼく自身、カントの精神がたいへんよくわかったように思われるので、ぼくは「美の分析論」にしたがうたびごとに、はじめての時と同じように、自分を不思議に感じている。「様相」については、カントは何を見いだすのだろうか、とぼくは自らに問う。ぼくは一つの新しい思想の到来を感じる。それを予感し、推察しようとする。だが、うまく行かない。「美」の四つのモーメント、すなわち四つの定義は、原理的に保証された、しかも思想的な秩序をもった、美と喜びに関する哲学的分析の傑作である。

親愛なる哲学者よ、これらの有名なくだりについては、ぼくは君に何も書く必要がない。ぼくはただ、君があらゆる主観知とのかかわりで、それをさらによく理解するように促すだけだ。あの有名な定式「美は理屈抜きで気に入られるものだ」から、どんなに生き生きとした光が生まれているか、よく見るがい い。すぐにわかるように、実はあかしされない。美において、理屈は何の役にも立たない。美は直接的であり、事物の概念とは無関係である。それによって、第一に示されることは、あかしされないような確実性があることだ。ある音楽が美しいことをあかしできるか。できない。でもそれ〔音楽〕からわかるのだ。明らかに、美のなかには合目的性がある。美は、われわれのためにつくられている。美は、われわれにふさわしい。これは、美はどんな目的観念〔表象〕をも持たないけれども、ある合目的性を含んでいる、という第三定義を説明したものである。この注意はわれわれに前の手紙を想起させる。すなわち問題は、合目的性を理解することではなく、それを欲することである。何びとも精神を信じるように強いられてはいない。精神を信じることができれば、十分である。信じることは報酬である。われわれは、ここでは精神の奥義のうち、知る楽しみのなかに在《あ》るのだ。美は、この知の一つのあかしである。否、あかしというよりも、一つの例である。ある修道僧が、まったく不信心なその仲間についてこう言った。「彼は信じることができない。彼は音楽が好きではない」と。それには、その仲間は能う限りの抗議をしている。修道僧は、すべての修道僧がするように、あまりに多くをあかししたのだ。けれども、人は美の前では万人の同意が得られるものと判断しているのは本当だ。そして第四のモーメントのなかに見えるものは、美によってあかしされる共通感覚、すなわち人間を自己目的的に定義する共通感覚、すべての人は平等であり、同胞であるというような共通感覚である。したがって、審美眼がないならば、ある人間をその種族から排除するだろう。このような「人類」のイデーは、発見されるやいなや、兄弟である人間を憎むことも非難することもゆるさない強靭な感情を生み出す。崇高さによってわれわれはまた、いっそう友愛と結びつく。なぜなら、崇高さのなかに見えるものは、物質のはるか彼方にある精神であるから。たとえば、精神の大きさを考えるならば、それは数学的崇高さであり、精神の力を考えるならば、それはダイナミックな崇高さである。諸力やもろもろの卓越性をまったく認めないこのような人間の偉大さに注意するやいなや、人はたしかに人間を知る。動物崇拝は、本能のなかにある精神を想定することから出たもので、そこからやがてオリュンポスにおける人間讃美となった。すべてのことが真の讃美を準備していた。人間となった神の讃美ではなく、神となった「人間」の讃美である。ヘーゲルが意味の深いことばを吐いている。「ゼウスはすでに、まったく人間であった。ゼウスに欠けていたことは、ただ一つ、彼はまったく神ではなかったことだ」。これはホメロスが、運命に服従したゼウスをわれわれに示すことによって言い表していることである。これがまさに偶像崇拝である。なぜなら、ゼウスを讃美する限り、必然的に運命を讃美しなければならないから。こうして異教はわれわれを、永遠の人間として表象しようとする大きなヴィジョンを主張することができなかった。この永遠性は真の宗教――もし真の宗教が一つあるとしたら――であるユダヤ教のなかでさらに顕著であろう。ヘーゲルが見事に定義しているように、美を讃美したこの世と「霊の民《たみ》」との戦いがあるのだ。またヘーゲルは、どんな神の形姿をもつくることを禁じた。ではいったい、異教の誤りはどこにあるのか。外的形式を神格化し、不死なる人間を定義する代わりに、神を不死なる人として定義したこと以外に。それは崇高さである。すなわち「人間である神」を啓示する精神の威厳である。精神の威厳によって、われわれは魂を発見するのだ。そこからわれわれは、人間のみが魂を持つという、あの歴史の真理に至るのである。窮極において、デカルトが正しい。なぜなら、彼は動物と仲間になることを拒否したのだから。デカルトは動物がまったく考えないことを理解した。なぜなら、もし動物にほんのわずかの精神を分けあたえようとすると、全精神を動物に与えねばならないだろうから。この誤った崇拝は解消されるどころか拡大している。したがって、哲学のすべての目的は、人類の思想をつくり出すことである。もしあるボシュエのような人が、今日、普遍的歴史をつくろうとしたならば、彼もまた、人間の合目的性、すなわちすべての人びとの救いを主導観念として考えただろう。もし力ではその問題は解決されないとしたら、力によっていったい、何が解決されるというのか。力はそれが有る、というだけで問題を解決するものだ。親愛なる友よ、君は歴史のなかに何を見るのか。至るところでの、君の国においてもインドにおいても、人権の勝利以外に。ウッドロー・ウィルソンが勝利者でないとしたら、いったいだれが勝利者か。この厳しい論考を一種の檄文として終えようという、ここで示されたこの傾向から、君は、どうしてぼくを知っていた人たちがみんな、哲学というのは何か非常に危険なものだと考えるようになるのか、わかるだろう。彼らは間違っていない。しかし根底において、この危険性はスピノザから、そして「霊の民」から生まれている。ユダヤ教の教えはすべての真の回心の始めである、とぼくはしばしば言った。今もそう思っている。人間しか信じないという、この種のスピノザ的不信仰は、未来を保証する法則である。これがあの民によって対象化された憎悪の説明である。これはまた同時に、その憎悪の解決である。他の解決は何もない。なぜなら、もしも人間的なものから、人間種族を排除せざるをえないとしたら、すべてのことが平和のために失われる。

今、心安らかに本稿を終えるために、美の見事な分析を再考し、そこから「感性論」をまったく一新させたいくつかの観念を引き出さねばならない。美がまったく無私のよろこびの対象であること、それはつまり、なんびとも美が存在することを、あるいは美が観照者のものとなることを、欲しないという意味である。反対に、美しいということは、純粋に仮象である。すなわち、ある意識に立ちあらわれるものである。したがって本来的な意味において、世界の問題、つまり表象された限りでの世界の問題である。これが分析の第一のモーメントである。第二のモーメントとしてあらわれているものは、美が理屈抜きで気に入られるものだ、という観念である。仮象を美しいと判断するのは、ある理想との比較ではない。美の理想的モデルなど存在しない。美しい対象《もの》それ自身がそれぞれ、絶対モデルなのだ。ある顔のなかで美しいものは、われわれがそのイデーを持っている完全な顔と似ているからではない。否、そういってよければ、自己自身と似ているからである。つまり、諸部分と全体とのあいだに調和があるという意味にほかならない。したがって、それ自身において美しい対象など存在しない。仮象がそれ自身において美しいのだ。すなわち、美しい仮象のリアリティはだれともかかわりがないのだ。美というのはまったく現象なのだ。ある肖像画が気に入るのはモデルとの比較からではない。肖像画がそれ自身によって似ているからである。肖像画は何かを啓示している。美は啓示である。絵画の各時代はそれぞれ美のモデルを生み出した。しかしだれひとり、このモデルを模作《コピー》することができなかった。同様に、すべての詩人は、他人が模倣することのできないある詩の制作者である。けれども、「詩」は模倣されるだろう。なぜなら、たしかに師の実例がなければ、だれもあえて詩句などつくらなかっただろうから。啓示はしたがって、シェリングが言ったように、一回だけ、あらわれる。それは、啓示されたものは永遠である、という意味だ。そのあと、第三のモーメントが美の逆説を強調する。すなわち美は、ある合目的性を含んでいる、しかしながら、いかなる目的観念〔表象〕をも持たない。

美はわれわれを楽しませるために創られた。けれども、注意しなければならないことは、気に入られたいというほんのわずかな符牒《しるし》によって美は無くなる。そこから、気に入られたいという飾りは無益である。その代わり何ひとつ欲しない、何ひとつ語らない「間」の美がある。下絵のなかに集められた面《かお》以上に美しいものは何もない。音楽のなかの沈黙以上に美しいものは何もない。建築において、まったく裸の壁が装飾された壁以上に美しいのがわかる。詩のなかで、人の待つもの、欲しているものは、決して語られない。自分に気に入り、すべてを枚挙しようとする詩人は、凡庸ならざるをえない。第四のモーメントとしてあらわれるのは、普遍的かつ必然的同意という偉大な観念である。美はすべての人の気に入ることが必要である。そこから、『三批判』の本質的観念に戻る。それは、そこでは理性との混同を避けるために共通感覚と命名されている。なぜなら理性もまた、すべての人びとに共通のものであり、すべての人びとを互いに同じものとして発見しているから。しかし、その感覚は彼らのなかで、よりすぐれた何かを啓示している。それは友愛である。理屈抜きの相似性である。なぜなら、美はあかしされないから。相似性というのは、事実的なもの、構造的なものだ。だから人間は至るところで、最初、曖昧な要素のなか、愚かな部分で、「人間」を知る。そのことは崇高さを解体するものではない。反対に、それは崇高さを基礎づけている。なぜなら、崇高さは感情《サンチマン》であり、その根底にはある種の怒りがあるから。ことに強調すべきことは、崇高さを感じている人は、讃えられることも模倣されることも望まない。演説家のなかによくあらわれているように、彼はショックを感じていることさえも好きになろうとしている。演説家は話している限り、咆哮《ほうこう》している。彼はことばの機械的な要素、動物的要素を示している。人間であるということは、確かにたどたどしく話すことでもある。ぼくが正しく語る人、読む人のなかに見たように。あまりに上手になる必要はない。息を聞く必要がある。ほんとうに騒音を聞く必要がある。騒音がなければ美しい音楽がないように、叫び声がなければ偉大な演説家もいない。リストは、聞くところによれば、間違えたピアノほど心打たれたものはなかった、という。また、すべてのピアノは間違っている。調和《ハーモニー》は、よく聞いたならば、混乱した騒音にすぎないだろう。時として、音楽家がそのことを示してくれる。不協和音と言われている摩擦音は、決して隠すべきではない。反対に、彼は聴衆にいらだちを与えて、聴衆がこのいらだちを支配するように導くべきである。よく注意するがいい。このいらだちは、また戻ってくる、そして拍手喝采《ブラヴォー》に含まれるだろう。この勝ち誇ったような轟音を拒否しようとする人たちは、そのとき音楽に何かが欠けていたことをはっきり見たのだ。

親愛なる友よ、ぼくはこのようなファンタジーが好きだ。なぜなら、『第三批判』の豊饒さを、そしてそこから引き出される諸発展、およびシェリングやヘーゲルのなかに必ずあった発展を、うまく言い表しているからだ。すべての形而上学にはある種の不可能性が内在していると言わざるをえない。それはわれわれの思考のざわめきだ。それが「世界」なのだ。われわれに付きしたがって、われわれに無謀な行動をさせる世界。この意味においては、人間は単純に称讃さるべきものではない。もしカントが生きていたら、ぼくはこのような論考をあえて書くようなことはしないだろう。

この手紙を書き続けようと思って、前に書いたことを読み返した。そしてぼくが、幾度となく、ぼく自身にとらわれていたことに気づいた。またこの手紙の続きが、もしぼくが「美」や「崇高さ」の批判のなかに含まれた諸観念を正しく分析するならば、この続きが、二十巻ほどにもなることに気づいた。ぼくにはそんなにたくさんの手紙を君に出すつもりはまったくない。ぼくはこれまで書いてきたことで、最後のことばのようなものを見つけたから、ただ結語を記すだけでよかった。君に示した論点は、他の論点を示唆するのに十分であるから。親愛なる友よ、ぼくが君に書きたかったのは以上のことである。彪大な仕事をあたえながら、今、こころから。ご平安を。

一九四六年四月十八日　ル・ヴェジネにて　　　終わり

解説　アランのカント主義

著者アラン Alain。本名エミール・シャルティエ Émile Chartier（1868-1951）。ノルマンディの小さな田舎町モルターニュ Mortagne-au-Perche に生まれ（そこには今 Musée Alain がある）、パリの西郊ル・ヴェジネ Le Vésinet に歿（そこには現在、Lycée Alain がある）。リセ（高等中学校）の哲学教師を四〇年間。新聞に、毎日「プロポ」を執筆。その数は五〇〇〇余。主な著作として『神々』『わが思索のあと』『海辺の対話』など。

「アランは kantien《カント主義者》である」と、アランの教え子であるジャンヌ・アレクサンドルは言う（「アランを讃えて」、モルターニュのアラン学会『会報』第四号）。cartésien《デカルト主義者》であるアランが、kantien〔カンチアン〕でもあるというのだ。どういうことなのか。われわれにとって、じつに興味深い示唆。

＊

ちょっと回り道。アランの思索の深さをよく知っている哲学者ジャン・ラクロワが、悪い皮肉を言っている。ちょっとプラトンを取って、ちょっとデカルトを取って、ちょっとカントを取って、ちょっとコントを取ったら、「アラン」が出来上がる、と。アランの哲学は、プラトニスム、デカルト主義、カント主義などのパッチワークなのだろうか。一種の折衷主義なのだろうか。アラン学者ジョルジュ・パスカルは言う。「アランによる哲学——すなわちアラン哲学——は、さまざまな哲学に共通するもの、ある意味でさまざまな哲学体系に共通する本質によって定義されている」（パリのアラン学会『会報』六二号）。アランと哲学史との関係は、最初の見かけよりもずっと複雑で、きわめてオリジナルなものだと、パスカルは言う（*ibid.*）。アランの悪評と称讃とはたいへん微妙な関係にある。なぜか。

アレクサンドルは言う。「存在の全体から切り離された思想はすべて、何ものでもない。真の思想は共通の思想であり、日々の思想、万人の思想である。いずれにせよ、思想を問うため、思想を理解するため、思想の深さ・思想の無限を発見するために出発すべき基礎。抽象的に考えることの拒否、自己を実在から切り離すことの拒否。直接の具象から思索を展開しようとする離れわざ。……そこから、だれにもまして、アランは深い意味においてカンチアンである。……「新聞の囲み記事を形而上学にまで高め」ようとしなければならない。それぞれの思考のなかにいっさいの思想があることを知ること。……この思想は、あるかないか、である。この思想を有する時、人はいっさいの思想を有するのだ」(*ibid.*)。

*

アランとカントのかかわりについては、一九三四年二月三日に書いている一つのプロポ(*Propos II*, collection de la Péiade, 1970, p. 1001)が示唆的である、とパスカルは指摘する。「それ〔このテクスト〕はわれわれのよく知っている定式から始まっている。《すべての知識は経験に属している》。そして《この教説は有名なカントの全著作のなかにある》ことを想起しながら、アランは、革命から生まれた政治思想家たちがすべての哲学との接触を断ってしまったことを遺憾に思っている。それから、二種類の経験を区別している。一つは事物を正しく知覚することを内容とするもの。他は、それによってわれわれが、後の経験すべてをアンガージュ〔参与〕させる

「必然」と相対《あいたい》するもの。そこからアランは、《すべての経験から独立した、正しく考える法がある》こと、そして正義とは、それに対しては力——これは経験に属している——など無であるようなイデーであることを、結論している。こうして、唯物論的世界観をあかしするカントのアプリオリな形式の発見は、同時に、一種の人間の宗教を基礎づけている。《ここには新しい福音書がある。もし人々が平和をつくり出したら、平和があるだろう。もし人々が正義をつくり出したら、正義があるだろう。どんな運命もない。味方をするのも、敵となるのも——。事物にはどのような意志もない。雲のなかの神などいない。小さな惑星に英雄がただ一人。ただ一人、信仰と希望と慈愛とからなる心情の神々とともに》(*Propos I*, collection de la Pléiade, p. 149)。それがアランのオリジナルな教えである。アランがカントから引き出した教え。アランは、彼が言っているように、《カントを、彼のよさを損なうことなく、あらゆる方向に拡大》(『わが思索のあと』 in *Les Arts et les Dieux*, collection de la Pléiade, p. 98) させようとし、彼を《乗り越え》ようとしたのだ。しかも《……ある限界の外へ、ではなく、自己の思想の内側で、最良のとは言えないが、もう一つの、みんなにより適した思惟の営みによって》(『海辺の対話』 in *Les Passions et la Sagesse*, collection de la Pléiade, p. 1359)。もし本当に、《人間は揺るがぬ意志だ》（Préface à *Introduction à la Politique* de René Château）とするなら、哲学者アランのカント主義が、人間エミール・シャルティエの「揺るがぬ意志」と合致するのは自明のことである」（Le kantisme d. Alain, in *Alain, lecteur des philosophes de Platon à Marx*, Bordas, 1987, pp. 107-108)。

*

なぜ、アランはカントについて書いたのか。どのように書いているのか。「カントが生きていたなら、ぼくはこのような論考をあえて書くようなことはしないだろう」（本書、一三四頁）。本当だろうか。驚きと戸惑い。

しかし、アランがカントを讃えていることは確かだ。なぜなら、彼はカントを書いているのだから。「すべての哲学体系《システム》にはそのシステムが真のものとして、完全なものとして知られるような視座がある。スピノザがどのような意味で正しいのかを、読者が分かるようにすること、それがわれわれの狙っていることである。スピノザがどんな意味で間違っているのかを示すのは、もっと巧みな方々におまかせする。そういう人は必ずいるから」（アラン『スピノザ』1901, 2e éd. 1949, 3e éd. 1996 (par Robert

Bourgne), Gallimard, collection tel, p. 28)。しかしまた、「それは〔ぼくがカントについて書いたのは〕君がこの哲学者をあまりにも読まなさすぎると思ったからではない。しかし、カントを十分に読んだとは思わない。それに、だれもカントを十分には読んでいない」（本書、四三頁）。スキャンダル〔つまずき〕。

哲学者が（ほかの）哲学者を讃えること。これはよくあることではない。なぜなら、「偉大な哲学者は偉大な哲学者をみとめない」（フェルディナン・アルキエ）のがつねであるから。（実際、デカルトはアリストテレスをみとめていない。）アルキエは、すぐれたデカルト学者であり、カント学者である。『デカルト著作集 *Œuvres philosophiques de Descartes*』（全三巻、Classiques Garnier）を編集し、『カント著作集 *Œuvres philosophiques de kant*』（全三巻、collection de la Pléiade）を刊行している。彼はパリ・ソルボンヌ大学での最後の講義で、「ぼくはデカルトとカントを、五〇年間研究してきた、二五年間大学で教えてきた。だが、デカルトについて、ちょっとは知っているが、多くは知らない。カントについて、ちょっとは知っているが、多くは知らない」と白状している。

人がなにかをあえて言う時、そこには断言が理に適っていること、「普遍的」であること、「創造的」であることが含まれている、と同時に、そこにはまた、語っている人の自身の「個」がはっきりあらわれている。「魂」が、と言ってもいい。その存在を賭《と》していると言ってもいい。なぜなら、その人のすべてがあらわれているのだから。

人〔他者〕を讃えること。それは他者がほんとうにわかることだ。否、他者に入り込んでいるのだから、他者であることを欲している、つまり他者の意志を意志することである。意志の意志、それは結局、他者を生きることだ。意志の二重構造は「人間」の構造である。欲することを欲する。ここでは反省的思索が深い意味を持つ。アラン流に言うならば、「プラトンを理解するというだけではたいしたことではない。自分がプラトンとなって、困難な思索の道を突き進まねばならない」（『四季をめぐる五一のプロポ』岩波文庫、神谷訳）。プラトンとなるのは、しかし、絶望的な試みだ、とアランは語っているが（シモーヌ・ペトルマン〔アランの教え子〕に）。

だれもカントを十分には読んでいない。

プラトンとなるのが絶望的な試みであるように、おそらく、カントとなるのも絶望的な試みなのだろう。カントが生きていたら、カントについて書くようなことはしないだろうと、アランは言った。

＊

アランはなぜ、カンチアン《kantien》なのか。それはどういう意味なのか。

パスカルがこう指摘する。「カントはアランがもっとも好んで想起している哲学者の一人ではない。プラトン、デカルト、ヘーゲル、コントの名は『プロポ』のなか、『著作』のなかで、カントの名よりもずっと頻繁に出てくる。プレイアッド叢書のなかで刊行された一三〇〇プロポのうち、カントを語っているプロポ数は一五だけ。それに対し、プラトンを語っているのは一〇〇、デカルトやオーギュスト・コントを語っているのは五〇以上。『哲学者たちについてのプロポ』では、カントについて割いているプロポ数は三つしかない。『精神と情念に関する八一章』では、カントへの示唆は一〇箇所で、その大部分はきわめて短い。『海辺の対話』では、カントの名は一回しか述べられていない。一九三九年の『イデー』最新版では、アランは、「プラトンに関する十一章」「デカルト研究」「ヘーゲル」に、「コント」を加えるのがいいと考えた。「そこに、哲学的思索の全容をあらわにするために」——アランは「読者への序」でそう言っている。そこにカントに関する章を入れるのは益がないと判断している。カントについてのまとまった論考があるのは、『わが思索のあと』（一九三六年）のなかだけだ。これは一九四六年にさかのぼる『セルジオ・ソルミへの手紙』の前である。

アランは、しかしながら、深い意味でカンチアンである。カントが他の哲学者たちに比べあまり引き合いに出されていないのは、それはおそらく、自分の負い目を隠すためではなく、ただ、自分の思想がカント主義の薫陶を受けているためである。ラニョーから反省的分析を学んだアランは、カントの学派を継ぐ者（弟子）というよりもその教え子（生徒）である。実際、彼はカントを「学校教師」と呼んでいる。

学校教師は、実際、弟子など取らない。彼は生徒たちに考えることを教えている。カント自身、まさしくそう言っている。「生徒たちが学校へ行くのは、哲学知識を得るためではない。考えることを、自分を導くことを学ぶためである」（*Programme des cours pour le semestre d'hiver 1765-1766*）。弟子は師の思想から薫陶を受ける。しかし、生徒は先生の指導にしたがい、自分の思想を形成し行使する。しかし、カントやラニョーの指導にしたがい、思想を学ぶことは、あきらかに、ある種の思考様式でもって考えることを学ぶことである。この様式は思想の内容そのものと無関係ではなかろう。「カントはその哲学体系によってわれわれを魅了しているのではない。カントはわれわれの思想に断固とした行動を及ぼしている」（本書、四四頁）。アランの著作はすべて、カントによってアランにあたえられたこの断固とした思想を、あかししている。そしてこの意味において、アランはカンチアンである。ある意味では、自然的に〔よく考えた意志によってではなく生来的に〕カンチアンであるとも言えよう」（*ibid.*, pp. 95-96）。

（アランの教え子であるミシェル・アレクサンドルが、「超越論的感性論における時空の分析は、並はずれて堅固な、強靱なものである。それは「カント〔だけ〕の」《kantienne》ではない。なぜなら、偉大な精神たちは、真に偉大な者たちは、彼らだけの観念など持たないから」（*Lecture de Kant*, PUF, 2e éd. 1978, p. 9）と言っている。逆説的のようであるが、説得力のある意見。）

*

自然的にカンチアン。カントの血が流れているとも言えるだろう。デカルトの血が流れているように。(人はおのが血を意識しないだろう。)人間には選び取らねばならない一点がある。同時に、もはや「意志」の問題とはならないような一点もある。

＊

最後に、アランとカントについて歴史家の証言を添える。

アカデミー・フランセーズのアンドレ・モーロワは、その師アランの言葉を伝えている。その著『アラン』(*Alain*, Gallimard, 1950)から。

――《ラニョーから、アランは明晰すぎることを恐れることを、そして事物の堅固さがいや増すように思考の雲を厚くすることを学んだ。「見かけ上明晰であるものをその暗さに返すこと」Clarum per obscurius》(p. 11)。

――《自己の魂すべてを賭して真理に向かわねばならない》(p. 12)。

――《アレクサンドルやカエサルやナポレオンのなかには、自分だったら絶対しないような愚かな瞬間がある》(p. 13)。

――《証拠はすべて、ぼくにとって名誉を失っている。……証拠をうのみにした人は、マニアのように右往左往している。それはよくわかる。証拠は食べるものではない。むしろ、距離を置いて考えるものである。……証拠は無知の伴侶である。知者は対象を考える》(pp. 58-59)。

——《美は——と、カントは教える——対象のなかで、われわれに、人間の二つの自然の調和を、そうして和解されたものを、感じさせるものである。二つの自然、すなわち高いものと低いもの、観念と情念。美は省察しなくとも分かると、カントはまた言う。観念はそこでは、自然の秩序のなかに溶けこんでいる、というのだ。カテドラルは信者が証拠なしに理解する絶対的しるしである。崇高は、自然の無数の虚偽……が精神によって支配され量られる時、生まれる。……しかし、情念の嵐が哲学者や小説家によって支配される時にも、崇高さがある。純粋な美的感情など存在しない》(pp. 100-101)。

——《誤謬は人間的なものである。……真理はすべて、誤謬から生まれた。ある観念は、人がその観念に満足した瞬間《とき》、はじめて虚偽となる。……同時に疑うことと信じることを、また疑うことと行動することを、そして疑うことと欲することを、知る者は救われる。ソクラテスは死んではいない》(pp. 151-152)。

また、モーロワの大著『バルザック』（*Prométhée ou la vie de Balzac*, Flammarion, 1974）から。

――《偉大な著者たちとは論争しない。彼らがわれわれにあたえているものに感謝する》（p.8）。

――《彼〔バルザック〕の天才は、凡庸なもののなかにしっかり立ち、それを何一つ変えることなく、それを崇高なものとしていることだ》（p.496）。

――《人間をほんとうに考えるためには、バルザックがわれわれに教えているこの厳しいやり方で彼らを愛さなければならない》（p.499）。

本書のうち、「セルジオ・ソルミへの手紙」については、かつて訳したことがあるが（『北星論集』第二九号、『みすず』第三四九号、第四五一号）、今度、『アラン、カントについて書く』を上梓するにあたり、manuscritと照合し、訳し直した。

アランのテクストの微妙な問題はInstitut AlainのRobert Bourgneの説を採用した。ブルニュには感謝したい。また、Musée AlainのCatherine Guimondにも感謝したい。もし知泉書館（Ad Fontes Sapientiae）の小山光夫さんが札幌に見えなかったら、この本が出ることはなかった。小山さんにも感謝したい。

二〇〇三年七月二十一日　わかい緑のまばゆい札幌にて。

神谷幹夫

解説 150

神谷幹夫　かみや・みきお
1948年愛知県生れ．早稲田大学理工学部数学科卒．
パリ・ソルボンヌ大学留学を経て北星学園大学教授．
哲学，宗教哲学専攻．
〔論文・翻訳〕Alain, lecteur d'Homère,
『アラン幸福論』『アラン定義集』他．

〔アラン，カントについて書く〕　ISBN4-901654-22-5

2003年10月25日　第1刷印刷
2003年10月30日　第1刷発行

編訳者　神谷幹夫
発行者　小山光夫
製　版　野口ビリケン堂

発行所　〒113-0033　東京都文京区本郷1-13-2
電話(3814)6161　振替00120-6-117170
http://www.chisen.co.jp
株式会社　知泉書館

Printed in Japan　印刷・製本／藤原印刷